看图学游泳

修订版

王文博 牛雪彤·编著

人民邮电出版社

北京

图书在版编目（CIP）数据

看图学游泳 / 王文博，牛雪彤编著. -- 修订本. --
北京 ：人民邮电出版社，2021.2（2022.8重印）
ISBN 978-7-115-52828-5

Ⅰ. ①看… Ⅱ. ①王… ②牛… Ⅲ. ①游泳一图解
Ⅳ. ①G861.1-64

中国版本图书馆CIP数据核字(2020)第023568号

内 容 提 要

本书由拥有美国运动医学会ACSM—CPT私人教练认证、AASFP亚洲运动及体适能专业学院高级私人教练认证、专业营养师及教师资格证书的国家高级职业游泳教练员及裁判员做技术指导并亲身示范标准动作。本书创新使用水下高清拍摄，通过高清连拍图片，展现了多种游泳练习方法，帮助初学者从呼吸、憋气、漂浮、打水等基础入门技巧开始循序渐进地学会蛙泳、仰泳、自由泳和蝶泳四种专业泳姿。

本书不仅讲解了四泳姿的标准动作及练习，还提供了简明实用的泳前热身、出发和转身技术、体能训练以及水上救生方法，适合零基础的游泳初学者和想要提升游泳技术的爱好者阅读。

◆ 编　著　王文博　牛雪彤
　　责任编辑　裴　倩
　　责任印制　周昇亮

◆ 人民邮电出版社出版发行　　北京市丰台区成寿寺路 11 号
　　邮编　100164　电子邮件　315@ptpress.com.cn
　　网址　https://www.ptpress.com.cn
　　涿州市京南印刷厂印刷

◆ 开本：700×1000　1/16
　　印张：12　　　　　　　　　　　2021 年 2 月第 2 版
　　字数：233 千字　　　　　　　　2022 年 8 月河北第 3 次印刷

定价：59.80 元

读者服务热线：(010)81055296　印装质量热线：(010)81055316
反盗版热线：(010)81055315
广告经营许可证：京东市监广登字 20170147 号

在线视频访问说明

本书提供书中部分内容的演示视频，您可以通过微信中"扫一扫"的功能，扫描本页的二维码进行观看。

步骤 1：点击微信聊天界面右上角的"+"，弹出功能菜单（如图 1 所示）。

步骤 2：点击弹出的功能菜单中的"扫一扫"进入功能界面，扫描本页的二维码。

步骤 3：如果您未关注"人邮体育"公众号，在第一次扫描后会出现"人邮体育"的二维码（如图 2 所示）。关注"人邮体育"公众号之后，点击"资源详情"（如图 3 所示）即可观看演示视频。

如果您已经关注了"人邮体育"微信公众号，扫描后可以直接观看演示视频。

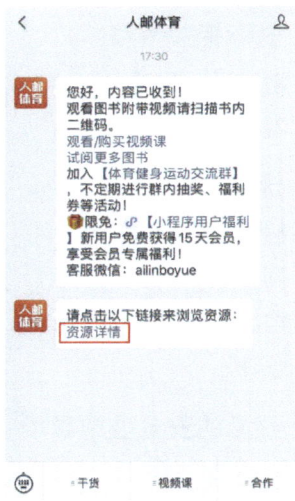

图 1   图 2   图 3

CONTENTS · 目录

第 6 章
出发技术和转身技术

第 1 章
游泳运动概述

- 游泳的益处
- 游泳相关赛事
- 泳姿
- 游泳的安全注意事项
- 游泳卫生常识

① 游泳的益处

人类不断地在与水打交道，为了更好地生存，人类不但适应了水，同时也学会了游泳。随着文明的发展，游泳不仅是一门生存技能，也成为一种竞技比赛、军事和娱乐的项目。本节就来看看游泳都有哪些益处。

增加求生技能

因为地球上大约 70% 的面积被水覆盖，所以生活在沿海地区的人免不了要与水接触。即使生活在内陆，当遭遇洪灾时，掌握游泳这门技能就是生存的希望。世界上有许多国家都将游泳列为小学生的必修课之一，要求孩子从小就掌握这门生存技能。在我国也有越来越多的教育机构和培训场所非常重视游泳教育，增加了培训的范围和力度，以便让更多的人能够掌握这门技能。

加强心肺功能

人体在水中活动比在空气中活动受到阻力大。这是因为水的密度比空气大出很多，所以在游泳的时候，胸腔和腹腔都受到水给予的很强的压力，使人的呼吸肌群不得不用更大的力量进行呼吸。经常游泳会让呼吸肌群的力量逐渐增强，从而提高呼吸系统的功能。

定期游泳会使心脏运动增加，使心肌的收缩更有力，血管壁逐渐增厚，增强弹性，让心血管系统的功能不断提高。经常游泳的人，心脏功能特别好。通常人们的心率为 60~100 次 / 分，每搏输出量为 60~80 毫升。而游泳会提升心脏功能，使心率降低，一些游泳运动员的心率甚至更慢。

美化形体

游泳运动有减肥、塑造完美身形的作用。游泳时需要运动员使用更多的肌肉组织参与代谢供能。长期的游泳运动能够锻炼身体肌肉，使其力量、速度、耐力和关节的灵活性都能得以提高。

由于游泳是一项身体活动范围很大的运动，所以定期进行游泳运动可以让关节

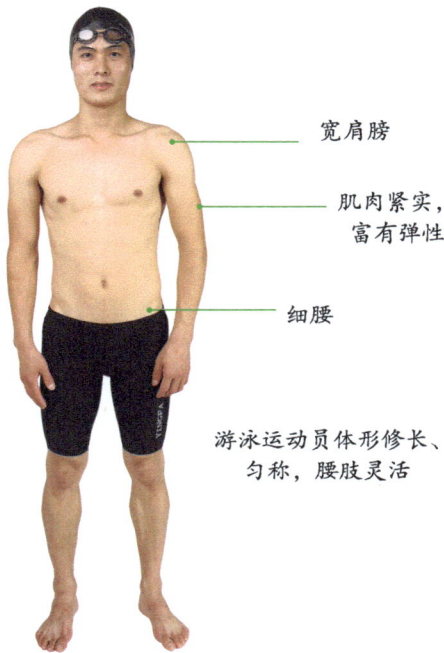

宽肩膀

肌肉紧实，富有弹性

细腰

游泳运动员体形修长、匀称，腰肢灵活

和肌肉更加灵活、柔韧，从而使身体更加柔韧。

游泳运动通常不使用爆发力，所以它不会让运动员的肌肉变得过于强壮，而持续的运动可让肌肉富于弹性，这使得经常进行游泳运动的人的身形非常健美。

减肥与护肤

由于游泳时人体浸泡在水中，身体散热速度快，所以游泳运动所消耗的热量也比较多。在水中运动减肥可以事半功倍，所以，游泳是塑造完美身材最有效的运动之一。

在游泳时，水能够对肌肤、汗腺、脂肪腺进行不断的冲刷，最大限度地减少汗液中的盐分对皮肤的破坏，而且在水中运动还能促进血液循环，使皮肤光滑有弹性。户外游泳，人体暴露在大自然环境中，肌肤充分接触阳光、空气、水，可提升肌肤的健康程度。

皮肤光滑且富有弹性

预防疾病

水温通常要比气温低，人在水中浸泡散热快，耗能大。为尽快补充身体散发的热量，以达到身体冷热的平衡，人的神经系统会快速做出反应，加快人体的新陈代谢，增强抵抗能力来抵御寒冷。除了在专业的室内泳池进行游泳运动外，还可以根据自己的身体条件参加冬泳训练，这样可以显著地提高人体体温调节功能，使人不容易伤风感冒，同时也能增强内分泌功能以及脑垂体功能，这样可有效地帮助人增强免疫力和对疾病的抵抗力。

利于康复治疗

对于一些慢性疾病来说，游泳运动可作为一种恢复治疗的方法。尤其对于站立锻炼不方便的病人，如过度肥胖者、下肢受伤的人群等，不宜用跑步的方式来进行锻炼。而游泳对这类人群是最好的锻炼方法，如篮球运动员姚明在脚踝受伤后，就在水中进行康复锻炼来避免体能下降过多，以做到复出后比赛的时候还能保持良好的状态。

竞技类运动员受伤后采取水中康复

训练已成为近些年的一种趋势，作用较为显著。

休闲娱乐

在现今高质量的生活中，许多人都选择在闲暇时光进行身体锻炼以增强体质。

游泳池、海滩也是当下较为时尚的锻炼和度假的地点。在节假日，泳池中的一家人或是三五好友到处可见。游泳不但能够锻炼身体，还能拉近人与人之间的距离以促进情感交流，做到休闲娱乐锻炼身体两不误。

② 游泳相关赛事

游泳比赛属于竞技游泳，是以比拼速度为主的运动项目。本节就介绍一下游泳比赛的管理组织和全世界比较知名的赛事。

游泳运动管理机构

在世界范围内，游泳运动的管理机构是国际游泳联合会。这个组织是 1908 年在比利时、丹麦、芬兰、法国、德国、英国、匈牙利和瑞典等国的倡议下成立的，总部在瑞士的洛桑。

我国的游泳运动全国性的组织称为中国游泳协会，2017 年 12 月，中国游泳协会获得 2017 年国际泳联年度最高荣誉奖。

赛事

国际游泳重要赛事有：奥运会游泳比赛、世界游泳锦标赛、游泳世界杯赛、世界短池锦标赛等。

随着游泳运动的不断发展，为了提高游泳运动的竞技水平，与世界接轨，国内也开展了众多的比赛，如：全国运动会游泳比赛、城市运动会游泳比赛、全国残疾人游泳锦标赛、全国青年游泳锦标赛、全国少儿游泳锦标赛、全国游泳冠军赛、全国春季游泳锦标赛、全国冬季游泳锦标赛等。

③ 泳姿

游泳运动发展至今，产生了多种泳姿，在奥运会以及各大专业赛事中将游泳运动分成四种标准泳姿来进行竞速比赛，分别为蛙泳、自由泳（爬泳）、仰泳和蝶泳。那么这四种泳姿是如何形成的呢？每个泳姿又有什么特点呢？

蛙泳

蛙泳是很早以前就出现的游泳技术，它在技术上的特点是，俯卧，游动时四肢的姿势就像青蛙游动的姿势一样，因此在中国，称这种泳姿为蛙泳。

蛙泳

自由泳

在竞技游泳比赛中，自由泳是一个重要项目。其实自由泳并不是一种泳姿，只因多数运动员在比赛中采用推进速度最快的爬泳姿势，致使人们将爬泳称为自由泳。其技术特点是身体俯卧水中，头和肩稍高出水面，游进时双臂交替划水推动身体前进。

自由泳（爬泳）

仰泳

仰泳也称作背泳，其动作特点是人以仰卧的姿势在水中进行游泳。由于仰泳时脸部在水面之上，所以呼吸较为顺畅，但是看不到前方，所以很难掌控前进的方向。仰泳比赛中，运动员是在水中起游，而其他泳姿则都是从跳入水中的起跳开始比赛的。

仰泳

蝶泳

蝶泳的动作主要源自于蛙泳。运动员采取了双臂划水到大腿后提出水面，接着在空中前移的技术。这从外形来看极像展翅翻飞的蝴蝶，所以这种泳姿后来就被称为蝶泳。蝶泳是历史最短的游泳比赛项目。

蝶泳

④ 游泳的安全注意事项

水火无情，虽然游泳运动对身体有极大的益处，但也需要谨记一些事项保障游泳的安全。如果忽略这些事项对于游泳者尤其是初学者来说会非常危险。

避免酒后游泳

人在饮酒尤其是过量饮酒后，酒精的作用会使人的反应能力和判断能力下降，神经系统将会受到极大的影响，而此时游泳极易发生溺亡事故。所以请不要在酒后游泳。

避免超出身体能承受的运动量

要适量给予身体负荷刺激、对身体施压，这样才能够达到锻炼身体的目的。在水中浸泡或是玩耍无法达到健身的作用，所以大部分人选择游泳训练以达到健身的目的。锻炼是一个过程，不要急于将运动量提至一个自己不能承受的程度，需循序渐进，逐渐增大运动量让身体能够适应。

严禁池边打闹

由于泳池的周边地面都较为湿滑，所以如果在这上面追逐打闹很容易摔倒、摔伤。

严禁浅水区跳水

在浅水区跳水，很容易造成头部、面部等部位与池底发生碰撞，最严重的后果可导致严重外伤或残疾。

预防抽筋

抽筋是指身体某个部位（常见于小腿、大腿和脚趾部分）发生的肌肉痉挛，游泳时抽筋是极为危险的，可能会造成溺水。在游泳前认真做好热身，身体充分牵拉对于预防抽筋是最有效、最直接的办法。

⑤ 游泳卫生常识

虽然公共泳池的卫生设施较为完善，但由于池内游泳的人较多，人们穿着较少，容易形成疾病的传染，所以在游泳前一定要认真学习游泳卫生常识，保证身体健康。

在参加游泳训练之前，一定要进行身体健康检查，明确自身是否适合进行游泳运动，一方面是保证自己身体健康，另一方面是预防疾病的传染。需要注意的是，患有心血管疾病、皮肤病、具有传染性的肺结核与肝炎、癫痫、红眼病、中耳炎、精神类疾病的患者都不适合进行游泳运动。

水中容易滋生细菌导致红眼病，因此在游泳前要佩戴游泳眼镜，游泳后再滴上几滴眼药水。

游泳时水容易进入耳朵，如果此时耳朵瘙痒，用手指掏挖耳朵一旦导致耳道破裂，就会引起细菌感染而导致中耳炎。所以在游泳前最好佩戴耳塞，或是及时采取将水倒出来的方法。

第 2 章
游泳技术与游泳原理

① 水的特性

因为游泳是一项在水中的运动，所以想要较好地完成就必须对水的特性有一定的了解，这样才能够有效地学习游泳。

在接触水之前有几点特性需要了解。

水的黏滞性：黏滞性指抵抗两层流体相对滑动或剪切变形的性质。形成这种特性的原因是分子间的相互吸引作用，这在流体力学中被称为"内聚力"。黏滞性最大的作用就是对进入水中的人或物形成附着力，对于水中行进的人形成阻力。

标准状况下水的密度为1克/立方厘米。人体的骨骼器官密度比水大，脂肪和肺叶的密度却小于水。人体的密度在一定范围内有所改变是因为人体的胸廓和肺器官可以通过气体交换有节律性地改变人体平均的密度。

水的压力：水对在水中的人或物会产生朝向各个方向的压力，在水中越深的位置，压力会越大。所以当人站在水中会明显地感受到水的压力，呼吸也不像在陆地上那样轻松自如，尤其在吸气时感到费力。人体在水中受到上方的压力小，下方的压力大，两侧的压力相等，因此压力之差就会产生将人体向上托的力，这种力就被称为浮力。

水的流动性：水是具有流动性的液体。当水受到压应力和切应力的影响时，如果水原有的内聚力小于外力，水层会被撕裂然后产生出局部高于其他水层的压力，因为水流体具有压力平衡的特质，所以高压区的流体会流向低压区，或者伴随外力的方向流动以保证流体的平衡，这种转换过程叫作流动。当水流动时，如果水的流速越来越小，那么压强就会越来越大。这种特性对人的影响是让人能够在水中相对自由地行动，但却也让人在水中得不到固定支撑，吸纳、抵耗和分散人在水中的动作冲量，使人在水中难以像在陆地上那样爆发用力。

水的难以压缩性：水是一种不容易压缩的液体，在增加一个大气压的情况下，水的体积缩小得很少。当人或物体进入水中，水的体积不会缩小，而是用人或物体的体积平衡等量的水的容积，所以在水中的人或物，要在等容积水的作用力下，才可以达到平衡。由于人的体内充斥着大量的水分，所以人也具备不可压缩的特性。

② 静力学原理

在了解水的特性后，再研究一下水的静力学原理，以更好地进行游泳学习。水静力学主要是研究物体的平衡规律，其主要内容是游泳时的压力、重力和浮力的问题。

压力：指人在水中游泳时受到的一切压力，同一层的水的压力相等。水的压力对人在空气中和水中的呼吸都有影响，需不断地进行练习加以克服、适应。

重力：人在水中同样受地心引力的作用，产生向下的力。

浮力：根据阿基米德原理，人或物体入水后会排开等量容积的水，因为水的难以压缩性，以人或物体换取等量体积得到水向上的支撑力，称为浮力。人下水后其重力被水的浮力所平衡，所以能够漂浮在水上。

人在水中的下沉与漂浮：人在水中的沉浮与自身密度和同体积水在标准状况下的密度的比例有着密切的关系，这种比例被称为比重。比重大的物体落入水中即会下沉，而比重小的物体则会漂浮于水面。而人的比重可以随着呼吸而进行改变，所以懂得游泳技能的人就能在水中安然无恙，而不会调整的人则会溺水、下沉。一个人在同一时期在吸气后胸腔扩大，比重减小，身体密度小于水，所以呈现漂浮的状态。呼气后胸腔缩小，比重相对加大，身体密度大于水，所以呈现下沉的状态。

人体的平衡：人在静止的水中能否平衡，这取决于自身的重力和水的浮力。水对身体各部分产生浮力的合力点称为浮心，人在水中身体的几何中心即是浮心的位置。人体重量的合力点称为重心，由于人体各部分密度都不同，所以重心在密度较大一侧的位置。身体平卧双手置于体侧时，人的头和胸腔比重小，腿比重大，这样重心和浮心不在同一直线上没有能够达到平衡，所以头会上浮，腿下沉。但平衡被破坏后可通过姿势进行调整，如平伸双臂，这样身体的重心前移，那么这时重心和浮心就重新回到一条直线上，让身体可以重新达到新的平衡。

水面

重心和浮心汇于一条直线

当人在游泳时，需要不断地进行臀腿动作的配合与转换来保证身体在水中的平衡，所以游泳时浮心和重心的平衡一直在被破坏和被维持中。游泳中身体技术动作的时机和程度配合得好的话，身体就会呈现比较平稳的运动状态，反之，人在水中会出现较大的起伏和扭动。

③ 动力学原理

水的静力学和动力学都是非常重要的内容，水动力学是研究流体动力的规律，主要针对在游泳中"阻力"的应用。

阻力：当物体在运动时受到与运动方向相反的环境影响力即称为阻力。当人在游泳时，由于水的黏滞性，水分子的内聚力会减缓运动的速度，这就是水的阻力。在水中，人的推进力和阻力是同时获得的。因为有阻力的存在，所以肢体通过动作获得支撑力，也使身体已获的推动力消失。游泳的技术也可以被认为是在水中应用阻力推进的技术。

阻力的类型：1. 形状阻力；2. 摩擦阻力；3. 波浪阻力。

形状阻力是由人在游泳时其身体所占的体积空间和面对水的外形所引起的。由于人的身体不像鱼或其他海洋生物那样具有流线型，在游泳时还要不断地向前伸臂，腿和脚也会在打水时超出身体的轮廓，这样水会对人形成较大的形状阻力。

流线型受到的阻力小

方形物体受到的阻力大

摩擦阻力是指物体之间相互接触且产生相互运动时的阻力。游泳时产生的摩擦阻力是由于人的身体表面或泳装与水分子相互摩擦造成的。皮肤越光滑，摩擦阻力就越小，用同样的力，人体在水中的推进速度就越快。相反，高粗糙度的皮肤会带动更多的水流，人体推进越快，水流之间也会有强烈的摩擦，从而带来更大的阻力。人游泳时为了减小摩擦阻力的影响，除保持身体流线外，要穿戴薄而光滑、吸水少的紧身衣裤和帽子，以减小摩擦力。

波浪阻力是人在游泳时形成的湍流造成的。因为水的密度远远大于空气，所以人在游泳时必会因为身体运动对其形成推动，使部分水被击向空中或高于水面形成波峰，再因重力压回水面后形成波谷。波峰和波谷形成的浪头会加大水分子的动量，对人形成波浪阻力。

蝶泳运动员移臂激起的波浪

人在游泳时尤其是处于蝶泳姿势时，如果将手拍向水中就会形成很大的浪花，进而对运动员形成相对的波浪阻力，致使速度变慢。

好的游泳者不是与水拼争，而是掌握水的特性，与水和谐相处。波浪阻力过大，前进速度一定会受到影响。

④ 游泳的推进力

游泳的推进力是指推动人体在水中前进的力，包括阻力推进力和升力推进力。

阻力推进力是利用了水具有阻力的特性，通过身体各部位（如手、脚）向后划水、打水的动作，对水形成一个向后的作用力，这时人体的冲量作用于水且改变了水的动量，于是水便会给人以反冲量也就是向前的作用力，在这个过程中，水的阻力成了推进力，因此这种获取推进力的方式被称为阻力推进力。

划船时的桨叶对水作用就是典型的阻力推进力作用

在游泳中，阻力推进力的应用非常明显。例如，当手臂沿着身体纵轴由前向后划水，与水流相对的掌心形成流体高压区，手背一面形成流体负压涡流区，这样就形成了流体阻力推动向前。

游泳时肢体动作的方向路线是在一个立体空间里做曲线运动，所以人体不但获得了阻力推进力，还获得了升力推进力。升力推进力就是利用升力的原理推动人体向前运动。人在游泳时不断改变手的动作方向，手臂不仅可以避免受到之前因划动而被搅乱的水流所带来的阻力，而且能够划到相对静止的水，不但省力而且能够产生更大的推进力。

人在游泳时手臂所做的都是曲线运动

升力能够产生是因为手掌与流经手掌的水流方向所形成的倾斜角（攻角）和手臂的运动轨迹与速度。依照伯努利原理，当手与相对水流方向处于一个合适的攻角时，水流经划动的掌心面与背面的速度是不一样的，所以手掌与手背两个面的压强出现高低不同的情况，掌心的高压向手背低压传导即产生升力。

⑤ 游泳的动作结构

游泳是通过划水和打水来获取推进力，若想长时间地游泳，在水中呼吸是重要的技能，所以这三大要素也是游泳技术的基本结构。

🏊 划水

在游泳时用手划动的动作即是划水。在自由泳、仰泳和蝶泳中划水动作贡献了大约70%的推进力，只有蛙泳的主要推进力是源于打水。不同泳姿的划水动作虽然不尽相同，但是动作流程却几乎相同。其主要表现为，手指尖入水—手掌抓水—划动抓住的水—向后推水—手臂返回前方，然后不断循环这一套手臂动作。其中

蛙泳的划水移臂都是在水中进行的。

游泳划水时，多抓水是快速游泳的关键。只靠蛮力去划动手臂，水会从手中穿过，不能给予向前的作用力。抓水要放松手掌，手指像抱住水一样，轻轻展开，同时手腕弯曲，肘关节高于手臂，指尖到肘部的范围内多抓水向前运动的速度就会变快。

自由泳划水

蝶泳划水

仰泳划水

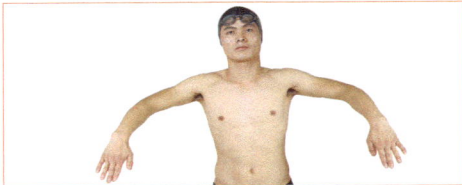

蛙泳划水

🏊 打水

打水也是游泳运动中非常重要的技术，其要领是利用脚背和脚掌进行抓水以保持身体的平衡和获取推进力。四种泳姿中自由泳、仰泳和蝶泳打水的动作有共同点，只有蛙泳的打水相对复杂，也比较特殊。自由泳、仰泳和蝶泳全部是以脚背抓

水，像鞭子抽打水面一样将水推向后方以获取推进力，蛙泳则是以脚后跟向臀部收紧以脚掌抓水，再一下推向后面以获取推进力。打水需要时机配合，多抓水也是提高游泳速度的关键。

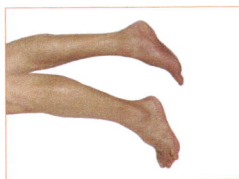

自由泳打水

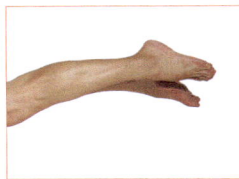

蝶泳打水

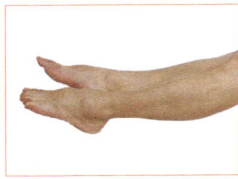

仰泳打水

蛙泳打水

🏊 呼吸

呼吸是游泳中最为重要的技术之一，掌握换气呼吸的技巧才能够长时间长距离地游泳。游泳的呼吸过程可归纳为憋气到吐气再到吸气，按照这个顺序做循环动作。初学者往往都会出现呼吸困难、游泳使不上力的情况。原因是游泳时只做了吸气动作而没有吐气，肺容量有限，废气没有排出，就不能获得新鲜的空气。

要在游泳时较好地配合呼吸，就必须从掌握呼吸方法开始训练。初学者可以先在水外吸一大口气，然后憋气潜入水中。当感到呼吸困难时，先从鼻子中慢慢向外呼气，紧接着浮出水面呼完所有的气，再迅速张口吸气。周而复始地循环练习直到身体能够牢固地记住这个呼吸过程。在4种泳姿里，呼气的过程是完全相同的。

⑥ 怎样游得更快

游泳发展至今，专门从事游泳方面的研究人员在多年的实践中总结出了怎样游得更快的方法：减小阻力和增大推进力。

减小阻力是有效提高游泳速度的方法之一，其主要表现有：1. 自由泳和仰泳时身体要围绕纵轴转动，保持侧向直线；2. 头部和躯干尽量呈一条直线（可避免过大的形状阻力）；3. 蝶泳和蛙泳姿态中不要形成过大的波浪；4. 手臂和腿部的入水和移臂动作尽量平稳，避免较大的波浪阻力；5. 在水下，不产生推进力的下划和外划动作力求平稳，减小阻力；6. 打水不要过深和过高，蹬腿时腿不要分得太宽。

增大推进力是高效游泳的另一特征，这点主要表现在：1. 必须要在形成高肘位置后再进行推水动作；2. 手臂的弯曲约等于90°时抓水；3. 使手掌与前臂下段呈一条直线再进行划水的推进阶段；4. 在水下沿对角线向后划水推进；5. 在整个划水过程中，手每一次明显转换方向都应加速划水，划水过程中，当手已经靠向腿部准备出水的时候就不要再试图获取更多的推进力。

第 3 章
游泳前的准备

- 🏊 着装准备
- 🏊 游泳场地
- 🏊 热身运动
- 🏊 熟悉水性阶段

① 着装准备

"工欲善其事，必先利其器"，选择合适的游泳装备，对于顺利地进行游泳运动起着至关重要的作用。

泳帽

游泳时佩戴泳帽有很多好处，除了可以防止掉落的头发弄脏泳池外，还能够有效地隔绝泳池中的消毒物质，让头发免受腐蚀。同时还能够收拢头发，不让头发遮挡眼睛，避免视线受阻，再者可以防止长发进入眼睛、鼻子和耳朵。

这里介绍一些关于选购泳帽的技巧和经验。

1. 如果只游一次，可选择普通的布帽，物美价廉。

2. 如长期进行运动则可选用硅胶泳帽。硅胶泳帽弹性、延展性较好，可与头部很好地贴合，冬天还可保暖。

运动款

时尚款

正确穿戴方法

穿戴前先选择好适合自己头部的泳帽，认真地将头发全部塞入泳帽里，不要将头发露出以免掉发弄脏泳池。长发的人可用发箍将头发扎好再塞入泳帽。

🏊 泳镜

　　佩戴泳镜不但可以保护眼睛免受水中的细菌和药物的污染，还能使眼睛在水中拥有良好的视线，避免与人或池壁碰撞。另外泳镜还有一个作用就是改善水下的清晰度，帮助有恐水心理的新手走出阴影。

儿童款

　　这里介绍一些关于选购泳镜的技巧和经验。

　　1. 首先看大小是否合适。在购买时先进行试戴，将手指按在眼眶上，如果两个眼窝都感觉到眼镜的吸力，那么大小合适。

　　2. 买泳镜非常重要的一个环节就是看眼镜内外的构造，好的眼镜应符合以下条件：①泳镜的橡皮条弹性要强；②泳镜的外镜必须要有保护胶膜；③泳镜两镜框中

成人款

间必须要有分隔条；④注意内镜的大小，选购时应以不压眼为宜；⑤用嘴朝内镜哈气，雾气消失快的泳镜较好；⑥外圈橡胶必须要软，用力压在眼睛上后较长时间不脱落的为好；⑦泳镜鼻梁处宽度可以调节。

　　3. 近视眼的游泳爱好者在购买泳镜时应根据自己双眼的实际度数减去 50~100 度来加以选购。

正确穿戴方法

佩戴泳镜时应先选好适合自己的泳镜，然后将泳镜放在额头上，戴上橡皮套。接着调节橡皮套的长短直到镜片能够轻轻地压在脸上且镜片护住双眼不外露。

🌊 泳衣

泳衣是最为基础的游泳装备之一，其种类、品牌和款式繁多。

泳衣从年龄上可分为童装和成人泳衣；从类型上可分为竞技类泳衣、健身类泳衣、休闲类泳衣。竞技类泳衣通常为比赛选手所采用，其表面经过精心设计能够降低摩擦系数、提高排水效果，减少水对游泳者产生的阻力。但是竞技类泳衣比较贴合使用者的身体，穿脱很费力，使用寿命也不长，而且价格通常非常昂贵。

大多数以健身为目的而游泳的人通常选用健身类泳衣，其款式简洁大方，弹性和延展性好，贴合身体，穿起来非常舒服，可以较大限度地伸展身体而不受限制。

休闲类泳衣则适合度假一族，它以其新颖的款式和靓丽的颜色以及对时尚的感知成为此类人群的最爱。

童装 ⟵

儿童泳衣覆盖面较大，而且样式较多，符合此年龄段人群的喜好。男士成年泳衣多以三角裤或平角裤为主，只有少数竞技泳装会有连体的样式。女士泳衣样式最为丰富，如连体泳衣、平角泳衣、高腰式泳衣、裙摆式泳衣、比基尼等，选购者可根据自身体形和爱好进行选择。

男装

如何选购

选购泳衣时，应注意以下几点。首先是面料，最好选用氨纶含量15%以上的，这样泳衣可以随身体自由伸缩。其次是做工，泳衣比较紧实，同时要求有好的弹性和拉伸力，所以尽量避开拼接位置较多的款式。另外，要考虑到泳衣材质。丝盖棉材质的泳衣，内里为纯棉材质，外层光滑，色彩艳丽，兼顾健康与美观功能，即使是皮肤容易敏感的人，也可以使用。泳装裆应有衬布。

女装 ⟵

运动款

休闲款

🏊 鼻夹与耳塞

对于初学游泳的人来讲，鼻夹与耳塞是必不可少的工具。在水中游动时带动的水波，很容易溅入游泳者的鼻孔或耳朵里。鼻夹的主要作用是使游泳者用嘴吸气，而不用鼻吸气，以防止水进入鼻孔，避免呛水。耳塞则可以有效地防止中耳炎的发生。

鼻夹

耳塞

🌊 脚蹼

根据不同作用，脚蹼可分为短脚蹼、标准规格脚蹼（长脚蹼）、圆形脚蹼、超薄长脚蹼和潜水用超长脚蹼等。制作脚蹼的原材料通常有硅胶、天然橡胶、高密度聚氨酯等。

脚蹼可以提高脚踝的柔韧性，将腿和脚的长度延长，下肢增长可以让打水更有效率。这样可以做到事半功倍，只用很少的力就可以提高运动效率和游泳速度。

短脚蹼

长脚蹼

教练建议

由于初学者很难一下子掌握进入水中用嘴呼吸的技巧，而言语上的指导又很难使学员感同身受，所以建议初学游泳的学员最好都使用鼻夹，在游泳练习中慢慢感受和习惯使用嘴部呼吸的方法。在慢慢掌握了此项技能、游泳也越来越熟练后应逐渐将鼻夹去掉，自觉地用嘴吸气，这样即使游泳时间长了，也不会难受。

教练建议

戴脚蹼进行训练，可以有效激活更多肌群参与运动，从而提升双腿的力量和打腿的耐力，使练习者消耗更多的热量。

但需要注意的是，对于初学者，佩戴脚蹼时间不要太长，因为容易产生依赖性，在穿上脚蹼时可以正确发力，但脱下后动作就走样了。有些游泳者身体比较沉，戴上脚蹼后身体位置升高，漂浮感增强，可以慢慢将脚蹼作为升高体位的辅助工具。长时间戴脚蹼配合游泳会破坏水感，所以建议大家在初学游泳时可借助佩戴脚蹼培养在水中游泳的感觉，但在慢慢掌握游泳技巧后，应逐渐脱掉脚蹼，掌握正确发力的感觉，培养良好的水感。

🌊 划水掌

　　戴划水掌辅助练习已成为众多教练员尤其是进行业余训练常用的练习手段之一，其最明显的效果就是能够提高练习者的划水效率。

教练建议

在训练初期可佩戴划水掌进行划水训练。这样不但可以锻炼上肢划水的力量，还能有效地改善划水姿势和提高划水效率。其与脚蹼的作用是一样的，在通过初期的训练逐渐掌握划水技巧后，应慢慢减少使用频率，不要产生依赖性，否则当拆下划水掌进行游泳时就会明显感到划水力量不足，导致徒手游泳的质量得不到提高。

🌊 浮板类器具

　　在游泳的教学和训练中，尤其是针对初学者的训练，浮板类器具已成为必不可少的装备，它不但可以让不熟悉水性的人勇于下水且保持漂浮，还能有效地提高教学效果，使训练能够循序渐进，逐渐增加难度，提高训练水平。

A字板　　　　　　　　　　　　　　　　方形板

教练建议

在学习游泳过程中，浮板是重要辅助工具，浮板的使用，能大大提升学习速度与游泳水平。浮板的种类和形状各不相同，在使用时也各有作用，如A字板是专门用于练习腿部打水的，另外还有专门练习手部划水的夹腿板和帮助初学者克服恐惧心理的背飘板，选购时应明确其作用。

🌊 救生器具

游泳圈与救生衣相似，都是在水中帮助初学者漂浮的工具，同时也是紧急情况下救生的工具。游泳圈和救生衣的使用方法也相同，先注入空气，使其拥有浮力，然后把它套在腰上或穿在身上，跳入水中就自然不会下沉。

🌊 日常用品

除了游泳训练的必备装备之外，一些日常用品也不要忘记带入游泳场馆，否则在游泳之余，也会出现很多麻烦。

首先是拖鞋。在游泳时，换装室与泳池之间一般都有很长的一段通道，这一段路的地面不一定非常干净，脚踩脏了再进入泳池，池水会被弄脏，所以随身携带能够更换的拖鞋会非常方便。

小的浴巾有保暖的作用，在出水或淋浴后可能会感到寒冷，身上围一条浴巾会帮助身体暖和起来，避免感冒。

毛巾是去泳池游泳必不可少的用品，因为无论游泳或是淋浴后身体都湿漉漉的，不仅感到不舒服，而且还容易感冒，所以一条吸水性好的运动毛巾是非常必要的。

② 游泳场地

游泳锻炼的场所分为室内人工泳池、室外泳池和公开水域几种，选择时可完全根据自身需求进入相关区域进行游泳训练。

对于参加游泳锻炼和想要学习游泳的人来说，室内人工泳池是首选。随着游泳运动的开展和普及，各地的泳池也越来越多。

室内人工泳池

教练建议

在选择室内人工泳池做长期训练时，应全面了解该泳池场馆内的各方面设施是否齐全，应关注的方面有水温、室温、水质、救生员情况和救生设施等。如果这些都比较完善，那么在进行游泳训练时也能更安全，让人更放心。

儿童泳池

室外泳池也属人工建造，由于室外的气温不受控，因此大部分的室外泳池只在夏季开放。

公开水域的游泳锻炼也很受欢迎。目前，公共海滨与湖滨浴场也较多，且在水域岸边都设有基础设施和救生员，水域也经常会进行清理，所以最大限度地保障了在公共水域进行游泳锻炼的人们的安全。

③ 热身运动

游泳之前做一些体操和各个部位的伸展运动，可有效地提高身体各部分的机能，使神经兴奋，增强活动能力，还能有效地避免受伤。

颈部伸展

颈部的伸展可以使脖子周边的肌肉更加柔软，增大活动的区域。

锻炼位置
颈部

级别
此练习适合初、中、高级游泳练习者

次数
前后左右各伸展 5 次

教练指点

伸展颈部时应适度，因为脖颈比较敏感，动作不要过大，以免造成不良效果。

动作 1-4：双手扶头下推，双手扶下巴上推，扶头向右侧倾倒，扶头向左侧倾倒。

颈部扭动

颈部扭动既可以拉伸颈部肌肉，又可增加呼吸的通畅度，还能有效地活动颈部，避免受伤。

锻炼位置
颈部

级别
此练习适合初、中、高级游泳练习者

运动量
颈部环绕 15~20 秒

教练指点

颈部环绕时容易带动肩部扭动，应尽量保持身体稳定。

动作 1-2：身体保持不动，以身体为纵轴，颈部顺时针环绕扭动，再逆时针扭动。

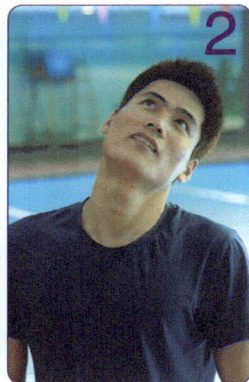

🏊 腰部伸展

腰部伸展是以腰部为中心，让身体背部的肌肉得以伸展。

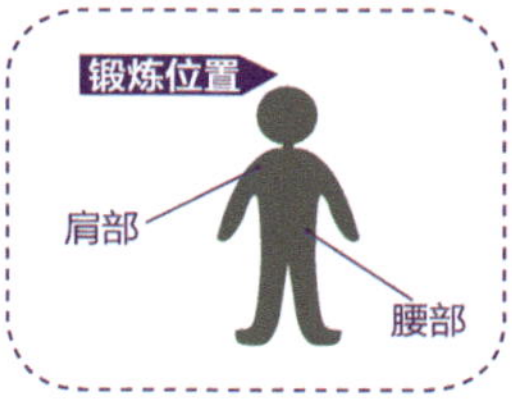

级别
此练习适合初、中、高级游泳练习者

次数
做 2 次，每次坚持 5~10 秒

教练指点

身体向前屈可以带动大腿后面到后背的肌肉，使之得以舒展。

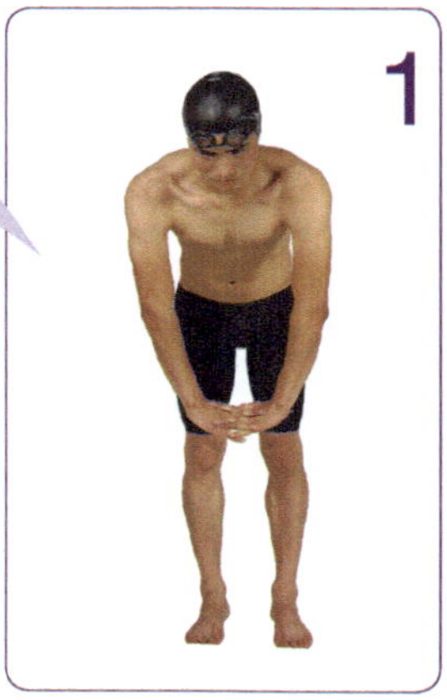

动作 1-2：身体站立，身体前屈，双手手指交叉尽量下压触地。

🏊 腰部扭动

腰部是划水打水的重要部位，与打水效率关系紧密。

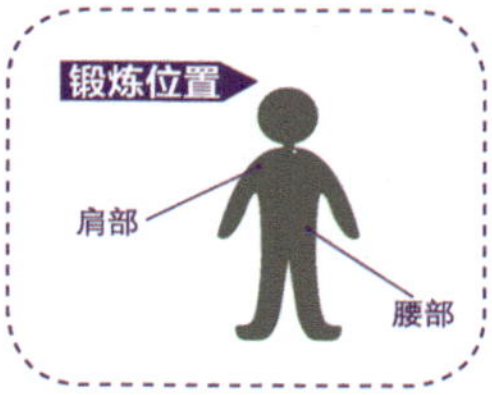

锻炼位置

肩部

腰部

级别
此练习适合初、中、高级游泳练习者

次数
左右各转动 5 次 ×2

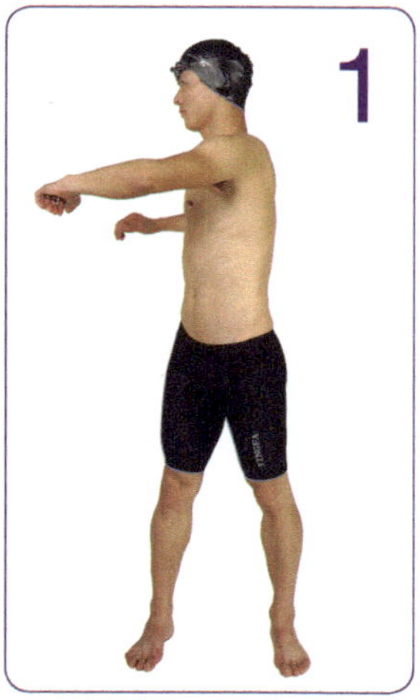

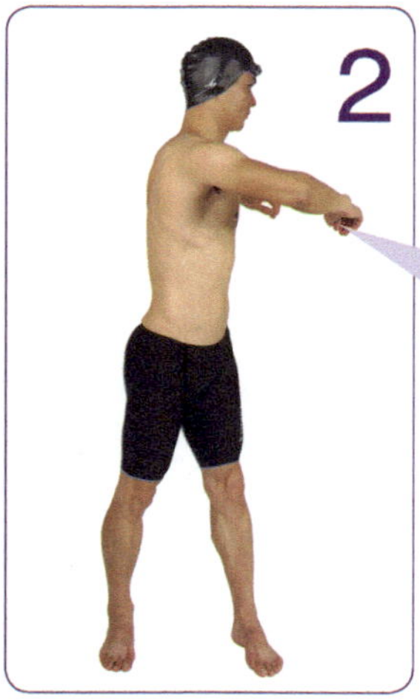

教练指点

不单是游泳，腰部是一切运动的重要部位，它关乎着力量的运用。为避免受伤就一定要认真地进行腰部热身运动。

动作 1-2：身体站直，双脚分开与肩同宽，抬起双臂，通过转动肩膀带动腰髋向一侧转动，热身时左右交替进行。

〰️ 肩部伸展

肩部的伸展可以使肩部周围肌肉得以锻炼，以放松手臂、胸部和背部的肌肉。此运动可让肩部的动作更为流畅，也能增大其活动范围。

锻炼位置
背部
肩部
胸部
手臂

级别
此练习适合初、中、高级游泳练习者

次数
两种动作各做5次环绕

教练指点

屈肘时肩部位置不动，以肩引导肘部做环绕运动。

动作 1-2：首先以指尖顶住肩部，屈肘环绕，接着将手臂向后转动，缓慢地大幅度做环绕动作。

〰️ 上臂伸展

此运动可有效放松手臂尤其是上臂的肌肉，可以使划水的时候手臂动作更为流畅。

锻炼位置
上臂

级别
此练习适合初、中、高级游泳练习者

运动量
左右各做20秒

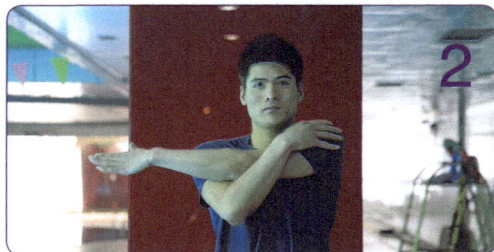

动作 1-2：将一侧手臂沿身体向另一侧伸直。将另一侧手臂屈肘，手掌向内，用手腕或前臂内侧夹住伸直手臂的上臂外侧，用力牵拉伸展。在牵拉过程中变换伸直手臂的角度可放松整个手臂的肌肉。

🏊 小腿伸展

此动作能够很好地伸展小腿肌肉和跟腱部位。由于游泳打水时小腿是非常重要的，所以一定要通过热身充分地伸展开。

锻炼位置
小腿　　跟腱

级别
此练习适合初、中、高级游泳练习者

运动量
左右各做 15 秒

教练指点

压腿时注意双脚位置不可呈内八字，脚尖与膝盖的方向是一致的。

动作 1-2：首先身体站立，右腿前迈一大步屈膝，左腿伸展，以双手压屈膝腿，做完一侧再换另一侧腿为屈膝腿进行按压。

🏊 大腿伸展

伸展大腿可以较好地伸展大腿前面的肌肉，使脚踝关节变得灵活。这些部位的伸展可以更好地增加打水的动力。

锻炼位置
大腿　　脚踝

级别
此练习适合初、中、高级游泳练习者

运动量
左右各做 15 秒

教练指点

做此运动时应尽量使膝盖朝下，这样热身更有效。

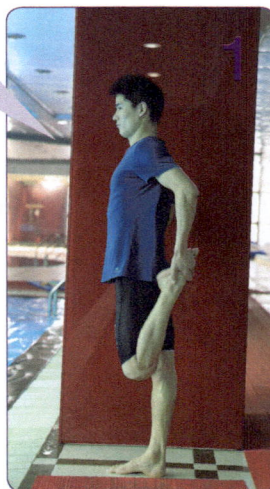

动作 1-2：先以右脚站立，手抓左脚背向后屈膝，尽量让脚后跟贴向臀部，做完一侧后换左脚站立，将右脚的脚后跟贴向臀部。

🌊 手腕伸展

手腕的伸展可较好地增加手腕的柔韧性，这对于划水抱水动作是非常重要的。

教练指点

转动手腕时请保持放松，不要太过用力导致手腕受伤。

动作 1-2：双手十指交叉置于胸前，匀速扭动左右两侧的手腕。

🌊 脚踝伸展

此动作可有效地改善脚踝柔韧度，增加打水的效率。

教练指点

此运动也是预防抽筋的有效热身运动，伸展扭动时不可用脚掌着力，否则达不到热身效果。

 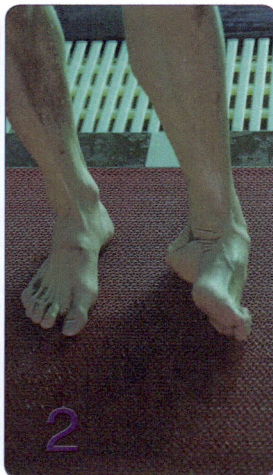

动作 1-2：先将一只脚平立于地面，另一只脚以内侧和外侧分别触地，缓慢地进行左右转动，做完一只脚后再做另一只脚。

🏊 髋关节伸展

在任何体育运动中髋关节都是非常重要的部位，髋关节通过伸展变得灵活后，可使四肢更为有效地运动。

锻炼位置
髋关节

级别
此练习适合初、中、高级游泳练习者

次数
左右腿各向里向外做 10 次

教练指点

在日常生活中髋关节是不常用到的部位，但在各项体育运动中，髋关节都是重中之重，所以如果想保持长久的好身体，那么在日常生活中也需要注意对髋关节的锻炼。

动作 1-2：一只脚站立，屈膝呈 90°，向内侧转动髋关节，上身保持不动。

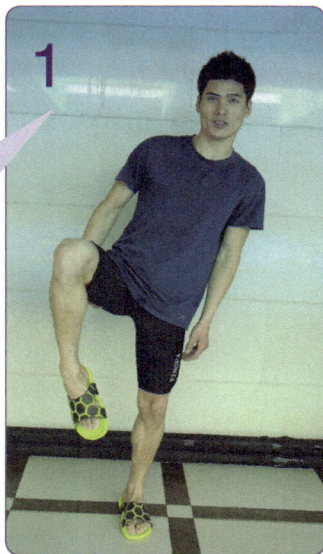

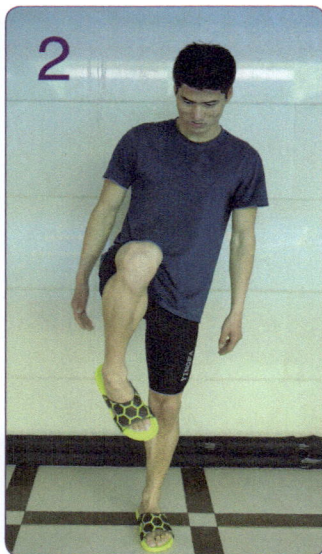

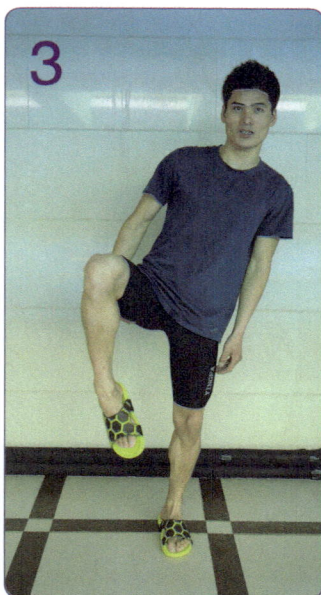

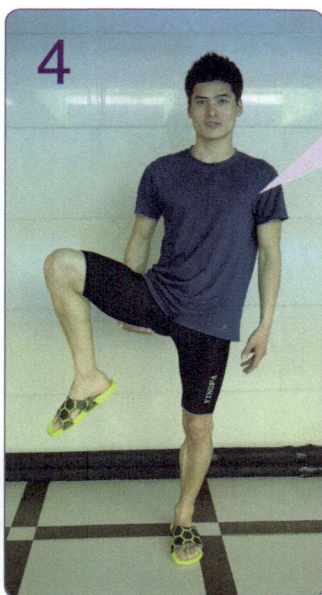

教练指点

这项热身运动要依照个人体质，有人髋关节较硬，那么在向内侧外侧伸展时就要注意幅度大小的把控。不要牵强，慢慢地增大伸展幅度，改善髋关节的柔韧度。

动作 3-4：恢复至初始姿势，再向外侧转动髋关节。做完一侧后再做另一侧腿的髋关节伸展。

④ 熟悉水性阶段

人在初次入水时都会有恐水的心理，想要熟悉水性，除了要了解水的特性外，还要多与水接触，充分体会在水中的乐趣，通过时间慢慢地去适应。

淋浴

在入水之前，都要先进行淋浴，将身体洗净，避免弄脏泳池。另外充分地淋浴也能减轻压力。

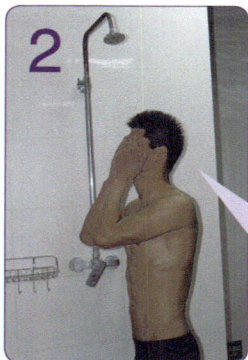

> 淋浴时间保持在1分钟以上

教练指点

淋浴时间尽量长一些。这不但可充分洗净身体，还可通过淋浴帮助减压，否则进入水池容易引发事故。

动作1-2：淋浴时先以手试探水温，当温度合适后，用双手捧水搓脸，再使劲搓上半身，让身体适应水温，最后让淋浴从头部往下冲水。

拍水

简单的拍水动作可让身体更进一步熟悉水性，且能适应游泳池的水温。

> 拍水适应的时间保持在3~5分钟

教练指点

往身上拍水需注意力度，如果动作太过剧烈，不但不能达到适应水的目的，反而会给身体形成负担。

动作1-4：首先蹲于池边，往脚和腿上撩水，接着坐于池边，双手向腹部、胸部拍水，最后低头用双手向头部撩水。

池边以脚打水

坐在池边以脚上下踢打水。这个动作不但能帮助自身更加熟悉水性，还能让游泳者通过动作初步掌握游泳打水的要领。

级别

此练习适合初级游泳练习者

坐于池边打水的动作保持在 30 秒 ~1 分钟

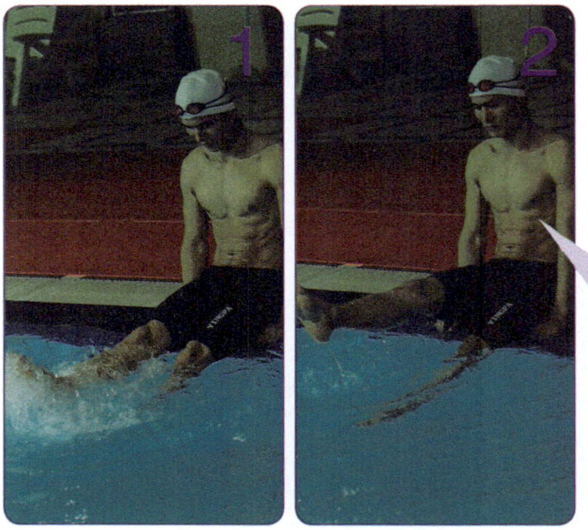

教练指点

初步打水的训练只注重熟悉水性和放松，对于技术动作不要苛求。

动作 1-2：身体坐于池边，双手摁在池边支撑身体，膝关节和脚踝伸直，运用髋关节上下交替打水。

扶住池边入水

初次入水时，因为不熟悉水性，所以注意安全是重中之重。在泳池中看泳池，会减轻怕水的心理。另外，下水的时候要背向泳池，手扶入水阶梯，一步一步稳稳地下降至水中就会很安全。

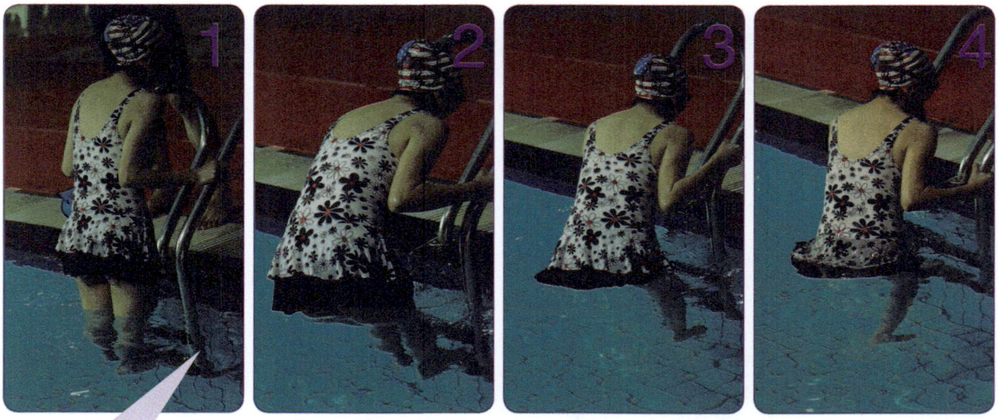

教练指点

下水时紧握栏杆，会减轻心中的不安，保证安全。一定不要面向水池进入水池，那是很危险的！

🌊 水中站立行走

在水中站稳后，慢慢地向前、后、左、右行走，这样做不但可以慢慢地感知水的触感，还能体会水对于身体的阻力，逐渐掌握水性，克服恐惧心理。

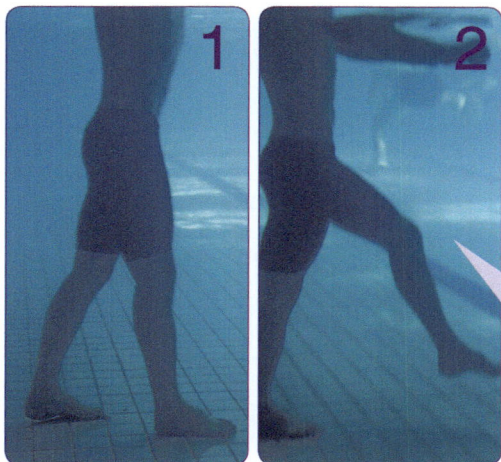

级别 ▶
此练习适合初级游泳练习者

向前、后、左、右行走各 5 分钟

教练指点

在水中行走重在感知水对身体的阻力，熟悉水性。注意倒退行走时，步伐要小，避免绊倒溺水。

动作 1-2：下水后，浸水至肩膀，向前行走时大踏步行走，向后倒退时步伐要小；左右两侧行走时，伸开双臂，先向左或右踏出一步后，另一只脚再跟过来。

🌊 借助浮板熟悉水性

充分运用游泳的辅助工具，体会在水中的漂浮感觉，从中体会水的浮力，进一步感知水的特性。另外还可锻炼维持身体平衡的腹部肌肉。

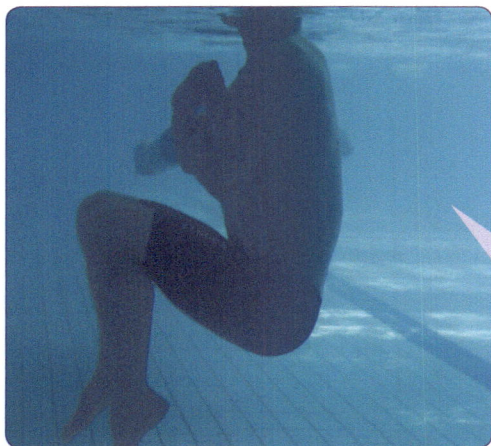

级别 ▶
此练习适合初级游泳练习者

在水中训练保持在 5 分钟以上

教练指点

在水中漂浮逐渐体会指尖与脚尖呈一直线所形成的流线型身体，训练要持之以恒，着重练习维持流线型姿势的腹部肌肉。

手握浮板置于胸腹部，肩部以下浸水，让身体自然浮起，腿部屈膝，尽量让大腿上提向浮板，这样做的目的是使身体呈流线型姿势。

第 4 章
游泳的基本动作要领

- 呼吸练习
- 潜水练习
- 漂浮练习
- 打水练习
- 保持姿势

① 呼吸练习

四种泳姿的呼吸方式各不相同，但游泳时的呼吸换气的流程是相同的，充分地掌握游泳呼吸的原理，是保证在水中长时间游泳的必要条件。

🏊 呼吸

不管是什么泳姿，呼吸换气的过程都是憋气—吐气—重新吸气，然后在之后的过程中不断重复这个过程。

动作 1-3：吸气后，闭嘴憋气浸入水中，经过一段时间后，在水中逐渐将肺部的气由鼻子吐出，接着将头露出水面用嘴部将肺里的气全部呼出，并且重新吸入新的空气。

教练指点

想要较好地学习水下呼吸，需要对游泳呼吸的原理有一定的了解。其原理就是一个不断在水下将肺部的废旧空气吐出，在水上吸入新鲜空气的给养过程。

🏊 呼吸练习

在掌握呼吸原理后，初学者使用双手扶池边做浸水呼吸练习，这样不但能够让练习者克服恐水的心理，还能记住呼吸的过程。

📊 **级别**
此练习适合初级游泳练习者

🕐 **次数**
整个呼气换气的过程做 5~10 次

教练指点

吸气换气的过程中要注意，吸入空气不可过满，这样在水中憋气的时间不会太长。尤其是初学者在练习时，吸入的空气维持在 60% 就好，这样新吸入的空气在肺里可以压缩，增加憋气的时间。

动作 1-4：身体站立在水池中，双手扶住池边，当头部在水面外时做吸气动作，然后将头部浸水，憋气一小会儿后，在抬起头的过程中由嘴部和鼻子慢慢向外吐气。

② 潜水练习

练习潜水的过程不但是对呼吸练习的巩固和运用，还能极好地适应在水中的视野，缓解恐水的心理。

教练陪同练习憋气

初学者让教练陪同一起潜入水底，初步感知在水中的视野，练习长时间的憋气。

级别
此练习适合初级游泳练习者

次数
由教练帮助一起潜水 2~3 次，每次坚持憋气 10 秒

意义

克服恐水心理是游泳训练的一个主攻的科目。怕水就无法顺利地游泳，所以多做缓和怕水心理的练习。

练习者与教练互相面对面，双手相握缓缓地浸入水中。 坐在池底憋气一段时间后，再一起浮出水面。

手掌触碰池底

在初学者逐步缓解恐水心理后，可将由教练陪同改为单人行动，试着潜入较深的水域，熟悉水下环境。

级别
此练习适合初级游泳练习者

次数
3~5 次，每次憋气 10 秒

意义

此项练习除可帮助初学者熟悉水下环境和练习憋气外，还可以练习下沉。下沉过程中尤其要注意身体是否放松、吐气的快慢。

在水上吸气之后，闭嘴憋气潜入水中，逐渐由嘴部和鼻子吐气，缓慢潜入水中，潜至池底部，以双手触底支撑身体。

〰️ 臀部触碰池底

以臀部触底相对来说是更为困难的训练。此训练可帮助练习者克服恐水心理。

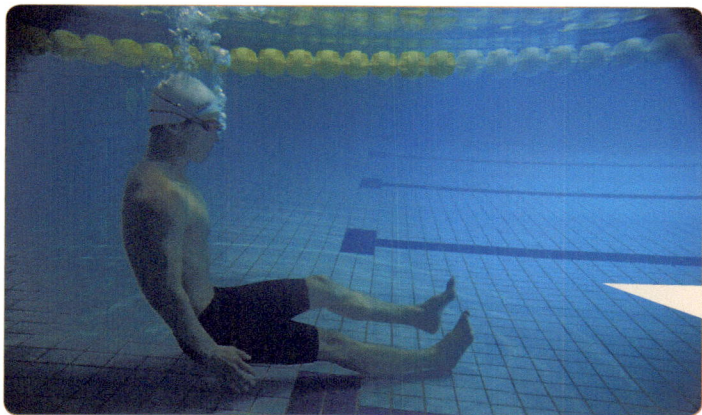

意义

当潜水后水中的环境将会变得很有趣。随着水性的增长，初学者会觉得水也没那么可怕了。

在水上吸气之后，闭嘴憋气，双腿伸直，逐渐由嘴部和鼻子吐气，缓慢潜入水中，潜至池底部，以臀部触底。

③ 漂浮练习

人在陆地上行走时是以站立的姿态，而在水中游进时是平卧的，所以练习漂浮技能是学习游泳之前的必修课。

〰️ 抱膝漂浮

初步练习漂浮技能，体会在没有辅助工具和固定支撑的情况下在水中漂浮的感觉。

意义

想要漂浮就要掌握漂浮的原理，多吸气就能够让肺部尤如游泳圈气囊一样，帮助身体漂浮。

首先站立于水中，吸气，然后将头浸水憋气，前脚掌蹬离，屈膝收腹，双手抱膝团身，头部向下，保持眼睛睁开，身体放松，背部露出水面漂浮。

🏊 俯卧漂浮

学习掌握抱膝漂浮后，增加漂浮的难度，让漂浮的感觉更贴近游泳时的姿态。

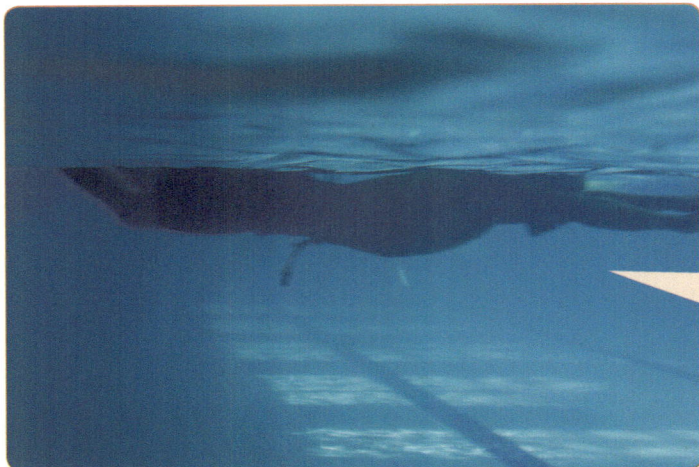

意义

更好地体会漂浮的技巧，增大漂浮动作的难度，让身体充分体会游泳时的漂浮状态，加深记忆以便游泳时运用得当。

首先将身体呈抱膝漂浮的姿态，接着待身体平衡后，腿部向后伸展，手臂向前伸出，头部处于双臂间，目视下方，身体呈俯卧姿势漂浮,身体放松。

🏊 借助浮板仰卧漂浮

仰卧浮体动作较难掌握且会让初学者产生心理恐惧，借助浮板练习漂浮可以克服仰卧时的心理恐惧，体会仰泳时身体漂浮的感觉。

意义

此练习是针对仰泳姿态的，初步掌握脸露出水面进行漂浮的技巧。初学者由于腹部肌肉力量不足，容易出现腰部下沉的情况，将腹部贴近浮板可避免出现这种现象，通过训练也可增加腹部肌肉力量，保证腰部的上浮。

首先站立于水中，选择较大的浮板双手环抱，身体放松，头向后仰，双腿伸展，吸气憋气，身体自然漂浮于水面。

④ 打水练习

以腿部打水在游泳时能够保证身体平衡，而且还能给予推进力，尤其是对于蛙泳来说，所以腿部打水是在学习游泳前必要的训练项目。

🏊 扶住池边练习打水

将手部扶住池边可以稳定住身体的姿态，腿部集中练习上下交替打水，初步掌握打水的动作和姿势。

📊 级别
此练习适合初级游泳练习者

⏱ 次数
3~5次，每次练习30秒

意义

初步体会打水的感觉，准确地运用打水部位，正确运用大腿根部发力，熟练掌握双腿鞭打状的打水节奏。

用双手扶住池边，抬起头部，双脚依次上下踢打做打水训练。打水的部位是脚背与脚掌，从大腿根部向脚尖部发力。

🏊 扶住池边浸水打水

手扶池边稳定姿势，头部浸水练习打水可以巩固打水训练，还能让练习者体会打水时呼吸的节奏。

📊 级别
此练习适合初级游泳练习者

⏱ 次数
3~5次，每次30秒

意义

脸浸入水中身体呈一条直线，而抬头时上身用力，身体就会下沉，练习时注意呼吸换气。

双手扶住池边稳定身体，呈漂浮姿态。吸气将头部浸入水中憋气，双腿由髋关节发力传向脚趾呈鞭状做交替打水练习。

🏊 借助浮板无呼吸打水

借助浮板练习打水可初步体会在水中漂浮前进的感觉，脸部浸水可逐步掌握游泳时的姿态。

级别
此练习适合初级游泳练习者

次数
3~5次，每次游6~8米

意义

通过练习体会游泳前进的感觉，熟练运用腰部力量保持漂浮，保证身体呈流线型，同时在浸水时考虑游泳的呼吸换气节奏。

将双臂伸直，双手放于浮板上，收紧下巴将头部浸入水中，身体呈一条直线，双腿交替打水前进。

🏊 借助浮板配合呼吸浸水打水

借助浮板，配合呼吸进行长距离打水，此练习可深入地帮助初学者练习真正游泳时动作的配合方式，是很重要的练习课程。

1

2

3

级别
此练习适合初级游泳练习者

次数
3~6次，每次10~20米

意义

掌握游进时的呼吸过程和打水与呼吸之间的配合节奏。

双手伸直放于浮板上，抬头吸气，双腿交替打水前进；接着将头部浸入水中憋气，一点一点地吐气，此过程中打水动作要保持稳定的节奏；感觉到头部在水下呼吸困难后，再将头部露出水面吐气完成后吸入新的空气，双腿保持打水动作。

⑤ 保持姿势

在水中游泳时保持流线型的身体姿态是阻力最小的。流线型姿态适用于各种泳姿，所以有必要介绍在水中的身体形态。

〰 正确的身体姿势

在游泳前先在陆地上做出正确的流线型身体姿势。其形态可概括为双臂伸直肘关节不弯曲，同时带动肩部向上，胸部和腰部也向上用力，双手于头部上方交叠，指尖伸直，双腿同肩宽。

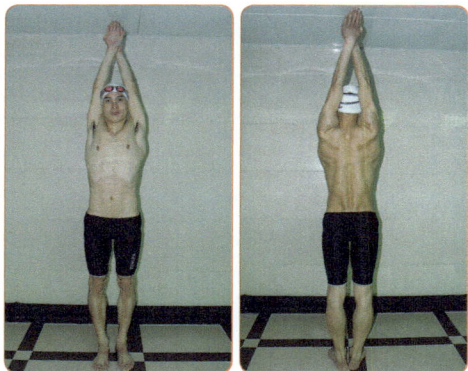

✕ 常出现的错误动作

常出现的错误动作表现为手腕和肘部弯曲，身体不挺直，脚踝弯曲，腿部分开过宽，这样都会增大阻力。

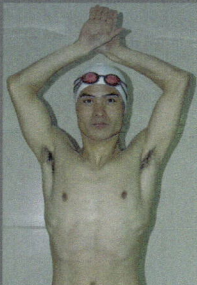

〰 水中滑行

保持正确的身体流线型，借助蹬踏池边，感受身体呈流线型时在水中行进的顺畅。记住流线型身体滑行的感觉，以在游泳时加以运用。

📶 级别

此练习适合初级游泳练习者

⏱ 次数

6~8 次，每次滑行 5~8 米

意义

借助蹬地力量和漂浮技术，着重体会和掌握游泳时滑行的流线型姿态。

首先站立于水中，双臂伸直夹住头部，双手交叠，指尖伸直，吸气后憋气，低头团身后，双脚向后向下用力蹬地，身体向前上方跃出滑行，在滑行中身体保持伸直，手臂和腿部收拢。

第 5 章
泳姿的学习

① 自由泳

自由泳，严格来讲，是可以运用任何游泳姿势游进的项目，但几乎所有运动员在自由游竞赛时都选用爬泳这种姿势进行比拼，所以爬泳几乎成为自由泳的代表泳姿。本节将对爬泳的姿势进行解析。

在当今泳坛，自由泳是游速最快的一种泳姿。在奥运会中关于自由泳的比赛项目就多达 16 项。除这些单项比赛外，混合泳接力和个人混合泳比赛也包括自由泳。其动作特点是游泳时身体俯卧于水面，双腿上下交替打水，双臂轮流划水。

🌊 当今自由泳的技术特点

当今自由泳的主要动作表现为：人体俯卧于水面，头部和肩部高出水面，游进过程中一直以身体躯干为轴左右滚动，双臂轮流划水，双腿上下踢打水推动身体前进。手臂划水的轨迹呈 S 形，利用划水时水流在头两侧形成的波谷吸气。呼吸与划水动作要协调。

如今自由泳动作的发展趋势表现为以下几点：1．更注重水平基线，尽可能保持游进过程中身体的流线型；2．头的位置相对较低，而且比较稳定；3．手的入水点在肩的延长线上；4．划水路线围绕着肩的延长线进行；5．注意肩的滚动与向前移动，动作发力点在于腰；6．抓水点远，抓水时高肘且手指指向池底，划水时前臂与上臂呈直角；7．高肘加速划水，划水不是很深；8．推水不推到底，在髋的位置出水且掌心向里；9．动作放松，注重肌肉的紧张与放松节奏；10．短距离（50 米）游时尽量减少呼吸次数；11．打腿技术更符合运动员的个性特征。

从世界泳坛来看，优秀的自由泳运动员不会将自身技术限定在有限的格局里，而是在掌握和理解各项技术后，主动去找寻适合自己的技术让自己游得更快更好，于是就形成了自己独特的风格。

🏊 身体姿势

身体位置要高、平

　　自由泳运动员在游进时，应保持高、平的身体位置。高、平是指身体的位置高于或平行于水面。在游进时，头部和脚部起着至关重要的作用，头部应保持与水面平行，眼望池底，双腿打腿节奏要快，且头部、背部、双腿都位于同一直线上。游进过程中，手臂也应该尽量前伸。

身体需要伸直和拉长

　　为了使身体有良好的流线型，游泳时身体要尽量拉长，这样可以有效减少前进中的阻力。具体表现为：游动时，双臂尽可能向前伸展，双腿尽可能向后伸展，这样有利于身体呈一条直线。游进过程中，同时要注意肩部、髋部、腿部的有节奏地滚动配合，而不是总向一侧摆动。

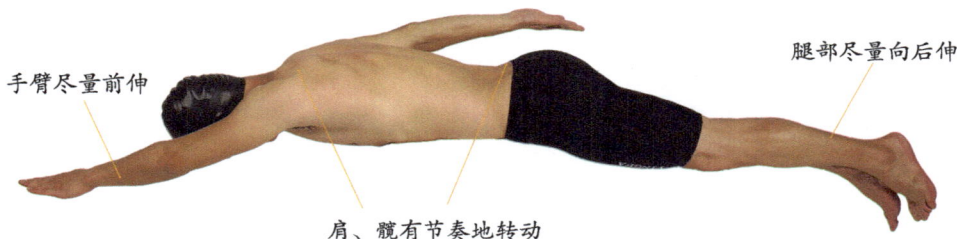

手臂尽量前伸　　　　　　　　　腿部尽量向后伸

肩、髋有节奏地转动

身形要尖，身体夹紧

　　脚部也是重要关注部位，为了保持身体流线型，双脚要合拢，这样会大大减小阻力，加快游动速度。而游泳时将肩部和臀部收紧就是身体夹紧的表现，这样做能够提高自身控制能力，游进时身体能够很好地发力和传递力量。

身体的转动

　　在自由泳的游进过程中，身体是一直围绕着纵轴进行滚动的，这样的动作，是为了通过转动让力从肩部、髋部顺利地传向四肢，同时还可以保持身体平衡，手臂配合更流畅，整体上达到平稳中匀速前进的效果。

滚动　　纵轴

滚动　　纵轴

🌊 手部动作

自由泳推进力有很大一部分来自手臂划水的力量。手臂划水时，动作可分解为入水一前伸一下划抓水一内划一上划一出水与空中移臂。

入水、前伸

手臂的入水与前伸，这个过程直接会有推动力，但同时也会有阻力，动作太大，阻力就大，因此提倡轻柔的入水动作，且轨迹圆滑一些，将阻力降低至最小。

1 在上一个循环过程完成后，一只手前伸，另一只手处于水面上完成空中移臂，随着身体的滚动，双手自然并拢，手掌微向外翻。摆动手入水时以肘部高于手部的姿态，拇指领先斜向插入水中肩部的延长线上，入水后，手臂继续随着身体的转动尽量向前和向内侧伸展，手臂伸直，手部伸向最远处后另一只手掌心转向下侧。

教练指导

入水顺序如下：手、手腕、小臂、肘部、肩部，先后入水，然后顺着身体中线延长线上，开始前伸。

下划抓水

下划抓水动作要准确，它是内划能否有推动力的重要条件。

2 做下划动作时，摆动手手臂略微弯曲，肘部高于手，紧接着手腕弯曲手掌并拢朝向下方，然后屈肘，手掌与前臂向下划水，在身体中线下方抓水。

内划动作是产生推进力的关键，当抓水动作完成后形成高肘姿态，明确手掌和前臂的方向，利用肩部发力进行全力划水。

3-4 进行内划动作时，明确手掌和前臂的方向，以肘为支点，屈肘用前臂及手掌沿着身体中线呈螺旋曲线划水。

连贯动作

教练指导

在整个内划的过程中，肩关节要逐渐向内收，肘关节也要有意识地逐渐增大面积，来为后续的上划提臂动作做准备。

上划

　　上划是产生推进力的重要步骤，因此上划动作的准确性也关系着本次划水所产生推进力的大小。绝大多数运动员自由泳前进的最大速度就产生于上划的阶段。

5-7 完成内划后，手掌向后、向外、向上推至大腿，直至手臂接近水面，推水过程中，手掌面要始终保持与水面垂直。

教练指导

上划过程中，要明确手掌动作是一个推的动作，而不是向上划水，在整个过程中，手臂不要完全伸直，以保证划水的方向。

出水移臂

出水是指利用上臂带动肘部提拉前臂和手部出水面。移臂则是指在出水后将手臂由身体后方向前上方移动的过程，出水和移臂的动作是一整个划水动作的结束，也是进行下一个划水循环动作的准备过程。

⑪ 侧　背　正

⑫ 侧　背　正

⑬ 正　侧　背

8-13

进行出水动作时，摆动手掌心转向身体，运用上臂的力量带动肘部向外提拉，令小指先出水，手与前臂逐渐被拉出水面，整个动作迅速且要放松。而空中移臂则是出水动作的延续，中间不要停顿，出水后肘部弯曲，随肩部和上臂向前上方移动，借助肩关节的自然内旋，手臂从空中向前、向外、向上移动，手臂越过肩后开始前伸，保持手的移动速度，领先肩部入水。

连贯动作

腿部动作

自由泳腿部动作分为向上打水和向下打水。下打水有力，上打水放松，打水的动作产生的推进力较小，主要作用是保持身体的平衡和减小阻力。在自由泳中上、下打水的动作区别较小，关键点在于大腿和小腿是否同时向上或同时向下。

向上打水

向上打水是指以大腿带动小腿向上移动的动作，在游进过程中，向上打水几乎不产生推进力。

1-2 进行上打水动作时，腿部发力带动小腿和脚部向上方移动，当整个腿部接近水平面或与水平面基本平行时，大腿停止移动转入下打水，向上打水时应放松一些。

腿部的上打水与下打水要保持连贯，在上打水完成后，小腿与脚迅速转入下打水。上打水阶段中，因为小腿与脚的惯性，膝关节屈曲，所以下打水阶段，脚部打水方向是向下、向后的。

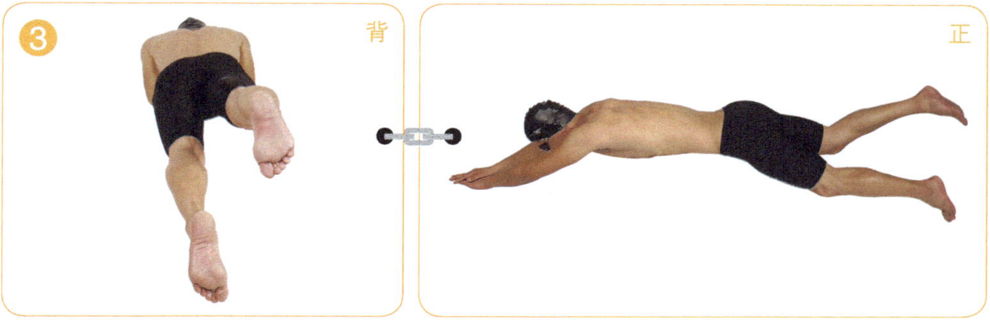

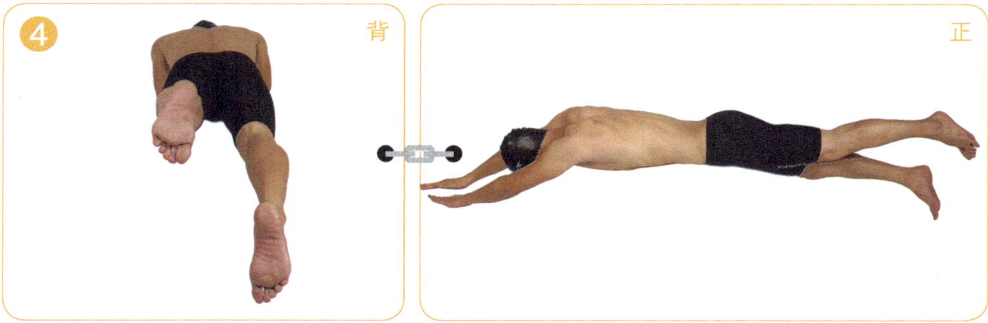

❸ 背　　　　正

❹ 背　　　　正

3—4 由髋关节发力，大腿带动小腿和脚部向下打水，直到膝关节完全伸直，下打水动作结束。向下打水时，脚尖自然伸直，动作要快而有力。

教练指导

绷脚面是下打水的要点之一。脚面绷紧，才能保证脚背打水时获得足够的反作用力，推动身体前移。如果脚尖勾起的话，不仅对推动身体起不到作用，还会带来阻力。

连贯动作

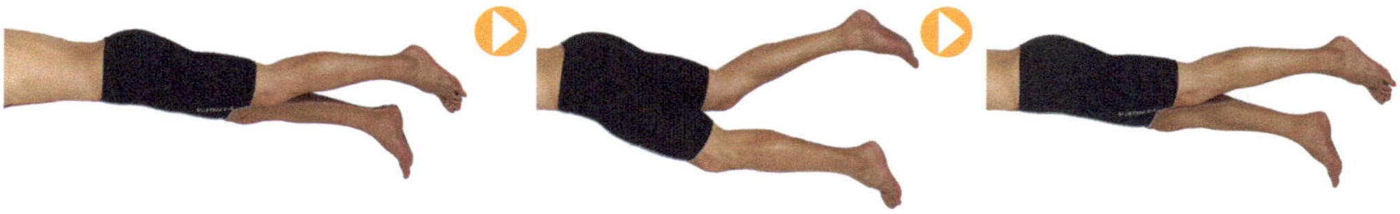

▶　　　▶

🏊 自由泳配合技术

在学习完分解动作之后，就要将这一系列的动作配合起来，形成完整的自由泳动作体系。

自由泳手臂与呼吸的配合

在四种泳姿中自由泳的呼吸配合最不容易被掌握，因为自由泳采取的方式是侧向转头进行呼吸动作，让人不容易适应，需要在手臂划水和转动身体时加以辅助。

具体的手臂动作与呼吸配合可以举例说明，例如向右侧转头呼吸，当右手入水以后，嘴和鼻子开始慢慢吐气，手臂划动划至肩下开始向右侧转头，增大吐气量，当右臂向后推水，再增加吐气量。直到手臂出水，立刻张嘴吸气。空中移臂动作进行到一半时吸气动作结束，转头并继续移臂，脸部转向前下方，目视池底开始憋气。

大多数的运动员都会有向呼吸一侧转动幅度大的情况，所以最好采用左右两侧轮流吸气呼吸的方式让身体转动能够均匀，身体姿态平稳。

双臂交替划水

自由泳的双臂配合技术是保证匀速游进的关键，通常双臂的配合分为以下三种形式：前交叉配合、中交叉配合和后交叉配合。

前交叉配合是指一手臂在入水时，另一手臂正处于肩部前方，正处于下划或抓水阶段，此种配合动作适合初学者练习划水和配合呼吸技术。但是动作不连贯，前伸的手几乎不产生推进力都是该配合的弊端。

中交叉配合是指一手臂在入水时，另一手臂已划至肩部下方，这种配合形式保证推进力的均匀，但是会因为双手臂的动作影响身体的流线型。

后交叉配合是指一手臂在入水时，另一手臂已进入下划阶段划至腹部下方。这种配合方式使用率不高。因为后交叉既不能保证较好的身体流线型，产生的推进力也不连贯。

前交叉

中交叉

后交叉

按照自由泳轮流划水推进力均匀的原则，中交叉是最为合理的配合方式，但对于游泳爱好者而言，前交叉配合更为合适，前交叉能更好地保持身体平衡，配合呼吸也较为容易，且前交叉可以保证游进过程中一直有一只手臂处于前伸的状态，因而形成较好的流线型，减小了阻力，所以运用前交叉配合可以节省体力，减少疲劳。

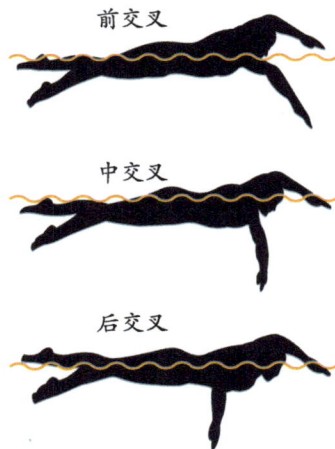

在自由泳的整个过程中，身体每一个部位都需要协调的配合，下面就来看一下整个自由泳动作中身体各部位的动作，以及手、腿动作与呼吸的配合。

1

首先以伸展的姿势进行滑行。

2

接着手臂下划抓水—内划。

3

当手臂进入上划推水阶段时，身体略向左转动，头部也向左转。

4

5

6

7

8

9

上划出水后，手臂以高肘移臂的姿态，由后向前移动。

10

左臂领先于肩部入水前伸，此时准备右臂下划。

11

左臂前伸，右臂开始做下划抓水动作。

12

左臂保持前伸动作，右臂内划抓水至胸前。

13

右臂上划阶段，身体髋部右转，头部转动吸气，肩肘上提准备拉臂出水。

14

15

16

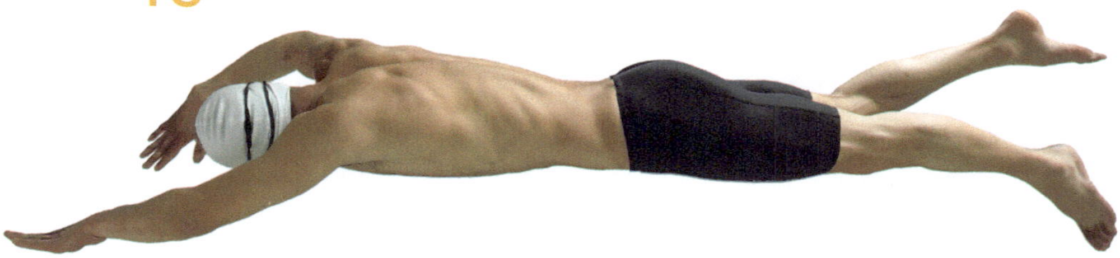

17

当一腿上打水的同时，另一腿进行下打水的动作。

18

19

20

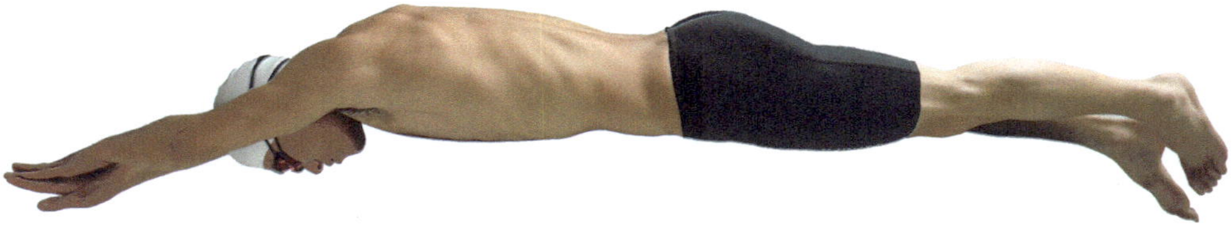

教练指导

自由泳的完整配合除了指身体各个部分的动作之间的协调配合外，还指在一整个划水动作的过程中打水、划水和呼吸的比例。例如常见的配合6:2:1是指做腿部打水动作6次，手臂划水两次配合一次呼吸。另外还有4:2:1和2:2:1等多种配合形式。

② 自由泳的系统练习

在学习和掌握了自由泳的技术动作后，就要开始进行实质的自由泳训练科目了。通过针对性训练逐步体会自由泳在水中的动作，争取早日学会自由泳姿势。

半陆半水打水练习（坐撑）

坐在池边半陆半水的打水练习可以让自身在视觉的帮助下逐步体会腿部动作技术，同时感受腿部打水的触感。

级别
此练习适合初级游泳练习者

次数
分 3~6 组进行练习，每组 50 次

注意
打水练习一定要让脚尖绷直，不要勾脚，练习熟练后，膝盖放松逐渐加快打水的速度。

动作 1-2：坐于池边，上身直立，双手撑于地面，将双腿伸直，脚尖绷直，双脚略向内扣，由大腿发力带动小腿和脚部交替上下打水。

半陆半水打水练习（俯卧）

在练习完坐撑打水后，进行俯卧打水练习是锻炼练习者能在没有视觉帮助的情况下，感受正确地运用肌肉力量进行打水的感觉。

动作 1-2：做此练习时，将身体俯卧于池边，双臂前伸，肩部放松让身体尽量平直地俯卧，髋关节与池边持平，双腿在水中进行上下交替打水练习。

注意
在做此练习时，注意髋部位置要准确。如果以腰部与池边相平，那么非常容易出现屈髋的错误动作。另外，在打水过程中，要注意大腿的发力，不要出现大腿不动而以小腿和脚部自行打水的情况。

🌊 扶住池边转身打水练习

此练习可以让身体进入水中练习打水动作，让身体能够体会在水中平衡的感觉。在身体足够平稳后加入转身动作打水练习，配合呼吸动作。

注意

练习时注意打开身体，关节放松，不要出现抬头、屈肘、缩肩、勾脚和身体位置倾斜的错误。另外在侧身呼吸时不要出现抬头吸气的错误动作。

动作 1-2：做此练习时，双手伸直扶住池边，肩部放松，利用腹部肌肉的力量保证身体的平稳，目视池底，头和躯干呈一条直线，然后将一手臂放于体侧，打水 6 次后，身体向一侧转动，使嘴露出水面进行吸气，同时肩髋也露出水面，打水练习 6 次后，再转入俯卧姿势练习打水。

🌊 水中借助浮板打水练习

水中借助浮板练习可以给身体一个支撑力，使身体能够在水面平稳地漂浮，在进行自由泳打水练习的同时体会向前推进的感觉。

注意

在此练习时，注意向下打水需由慢至快，有一个加速度，向上打水不要太用力，腿部打水要灵活一些，避免僵直。

动作 1-2：做此练习时身体俯卧于水面，双臂伸直扶住浮板的边缘。首先保证身体的平稳漂浮，然后运用双腿双脚上下交替打水，推动身体前进。腿部打水 6 次后，抬头吸气。

〰 浮板转身打水练习

巩固腿部打水动作，且增加训练难度。在水中练习转身，完成配合呼吸技术，为自由泳完整的配合技术打下基础。

注意

在练习时注意身体向一侧转动的角度和幅度，一定要保证嘴部的呼吸动作。

动作 1-2：做此练习时，身体呈俯卧姿态，以左手伸直扶板为例，右臂放于体侧，利用腿部打水 6 次后，身体向右侧转动，脸部随身体转动露出水面嘴部吸气，肩髋随之转动，身体呈侧卧姿势再打水 6 次后，转回俯卧姿势。

〰 徒手漂浮打水练习

在没有浮板支撑的条件下，增加训练的难度，使身体保持平衡稳定，借助腿部打水动作体会向前推进的感觉。

注意

练习过程中，如果抬不起头来，就可以先借用蛙泳的划水帮助抬头吸气，但要一直保持自由泳的打腿姿势。

动作 1-2：做此练习时，身体俯卧于水面，双臂与肩部保持前伸，整个身体放松让身体尽量平稳地漂浮，通过腿部打水动作向前推进。打水 6 次后抬头吸气。

🏊 陆上单臂划水配合呼吸练习

通过在陆地上左右手臂划水及呼吸的配合练习，初步掌握自由泳划水动作，牢记划水动作与呼吸配合的时机。

动作 1-4：做此练习时，身体首先直立，然后向前迈左脚呈弓箭步，左手撑住膝盖，另一只手做单臂自由泳划水模仿练习。按照入水—划水—移臂的顺序进行练习。

👤 **注意**

做陆上单臂划水练习时一定要注意手臂的划动幅度不要过小，务必保证拇指在推水的过程中碰到大腿再做出水移臂的动作。

右

动作 1-4：练习完右手后，身体转向右侧，右脚前迈呈弓箭步，右手扶住膝盖，换左臂进行划水模仿练习。当两侧的手臂划水动作熟练后加入呼吸配合动作。

左

🏊 半陆半水俯卧划水练习

在池边进行半陆半水的练习可以在保证身体姿态的条件下，借助视觉练习手臂在水中划水的技术动作，并体会手臂与水的触感。

级别
此练习适合初级游泳练习者

次数
左右手各分 2~3 组进行练习，每组 20 次

动作 1-4：做此练习时，首先将身体纵向俯卧于池边，身体尽量伸平伸直，先以左手手臂前伸，右手进行划水动作的练习。

注意

练习过程中逐步体会手在水中划动的触感。有几处需要注意，手臂要在头前方入水，手向后滑动至腿部后再出水，手臂在水中呈螺旋曲线地划动轨迹，划水动作的幅度要大一些。

动作 1-4：练习完右手划水后，将身体旋转 180°，同样平直的俯卧在池边，将右手前伸，左手进行划水练习。

🏊 自由泳水中划水及换气练习

　　站立在水中划水能够更好地感受水的作用力，通过划水与身体转动，配合呼吸技术的练习，完成自由泳划水换气的完整动作体系。

注意

此项练习对于初学者来说，并不容易掌握和做准确，常出现手臂划到腰部提前出水，动作不流畅等错误。做练习时需要保持重心的稳定，按照动作控制节奏。熟练后，可边划水边迈步向前，感受划水的推进力。

动作 1-4：将身体站立于水中，弯腰，头部向下，目视池底，一只手前伸，另一只手做划水动作，身体向划水的手臂一侧转动，头部随身体转动吸气，在练习中体会手臂在水中划动的感觉。

注意

此项练习只适合在浅水区进行。

〰 单臂分解练习

进行单臂分解练习是掌握完整动作配合的过渡阶段，使初学者对于自由泳完整配合动作形成初步的感觉。

注意

此无支撑的练习对于初学者来说十分困难，在进行单臂徒手游进之前，可先做一些基础练习，如手扶池单臂游泳练习或借助浮板进行单臂游泳练习。这样就可以在前面练习的基础上掌握划水、呼吸、大腿和身体转动之间的配合节奏和身体各部分动作的协调。

动作 1-4：做此练习时，身体平直地俯卧于水中，另一只手保持前伸动作，一只手臂循环做划水练习，划水的同时身体转向手臂划动一侧，配合呼吸动作，在此过程，脚部一直随身体配合上下交替打水，维持身体的平衡。

注意

对于腿部动作能力较差的同学可以佩戴浮板，避免身体下沉。

〰 自由泳水中完整动作

通过观察在水中完整的自由泳动作练习，深入体会手臂、肩部、头部、躯干、髋部、腿部和脚部的技术动作以及发生的变化，牢记自由泳动作各个部分与呼吸之间的紧密配合。

水下完整动作

换另一只手

③ 蛙泳

本节将主要讲授蛙泳的技术动作以及练习方法。

关于蛙泳的起源，说法不一。相传在古埃及和罗马帝国时，它是猎人潜入水中捕捉水鸟的游动方法之一。18世纪末，在欧洲军事学校中已设有专门教授蛙泳的课程。

随着不断地发展，现在的蛙泳技术更加注重减小阻力和身体协同发力，具有以下特点：身体起伏曲线合理，晚吸气，波浪式起伏，躯干能力突出。

平式蛙泳与波浪式蛙泳的技术特点分析

蛙泳分为平式与波浪式两种，两种形式虽都属于蛙泳姿势，但在动作结构上不尽相同。

平式蛙泳的姿势流行于20世纪80年代以前，其姿态是身体位置接近水平，髋部一直保持接近水面，靠抬头和低头的动作进行呼吸，肩部处于水下。平式蛙泳的主张者称此种姿势游起来较为省力，无须做多余的起伏动作，避免增大迎面的阻力。平式蛙泳作为初级教学内容被广泛地采用。

波浪式蛙泳被广泛地运用到当今的比赛之中，其与平式蛙泳的区别在于内划的时候肩部露出水面，髋部位置低于水面，身体保持倾斜；蹬腿时伸肩、前冲、伸臂以波浪式的节奏前冲，保持高体位。

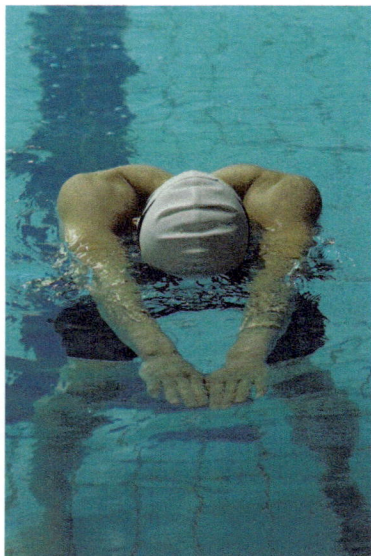

🏊 身体姿势

在进行蛙泳的过程中，身体的姿态不是一直呈流线型的，而是在不断地变化动作和呼吸节奏的。

头部姿势

在蛙泳游进时，身体以流线型滑行，随着蛙泳的波浪形运动轨迹，头部也在不断地起伏。在这个过程中，需将肩部放松，这样不但能使肩部更加灵活，而且其活动范围和幅度也随之改变。在呼吸时，头部抬出水面的高度不要过高，头部抬起后与水平面的角度不超过 30°。

躯干姿势

在游进过程中，大部分的时间身体是呈水平姿态的，因为这样可以使身体更贴近流线型，既省力，又能减小推进阻力。在运动时，背部的起伏一定要控制得较小，最好能够将背部露于水面之上，初学者应尽量将背部贴近水面。如果让背部呈垂直形态运动的话会增大阻力。

水平

髋部姿势

在蛙泳的游进过程中，每次伸臂划水的同时，髋部都呈小波浪形运动轨迹向前上方移动，利用腰部力量把上身拉起，以防止腿立起来加大阻力面。上身位置够高，手臂在水面上快速前伸就能有效地减小伸臂所形成的阻力，同时髋部的小波浪形运动轨迹能够增大前冲力。

臀部运动轨迹

手部动作

蛙泳的手臂划水动作是产生推进力的关键因素之一，划动过程中手臂的运动方向是向外一向下一向后一向内，熟练地掌握划水技术再与充分打水动作相结合是提高蛙泳速度的必要条件。

向外划水与抓水

外划动作与抓水能够给予内划有利的条件，起步做得好就能够使内划动作更加充分。

1 外划动作从上一个双手前伸动作结束开始。首先，双臂保持一定的自然紧张，向前伸直，手腕放松，掌心向下。

2-6 此连贯动作中主要是外划水与抓水的过程。手臂前伸后,肩关节开始略向内旋转,双手略向斜下方翻腕压水。双手手臂逐渐积极地做向、下、后方屈臂,以弯曲的手腕进行划水。划水的过程中手臂弯曲的角度一直在发生变化,优秀运动员在划水主要阶段此角度都保持在90°以内,这样做的目的是发挥出手臂的最大力量,充分地利用胸背的肌肉群。划水的路线不超过肩。

教练指点

在蛙泳游进时,手臂前伸到外划动作的速度要快于身体游进速度,外划到抓水的动作速度逐渐降低直至与游进速度持平。在划水时,都应该以最大的力量来做好每个动作细节以便能够获得最大的推进力。

内划

　　蛙泳划水阶段，内划动作是获取推进力的主要步骤，在手臂外划至两肩外侧抓水结束后，开始衔接内划动作。内划动作是一个向后—向下—向内—向上划水的半圆形轨迹。

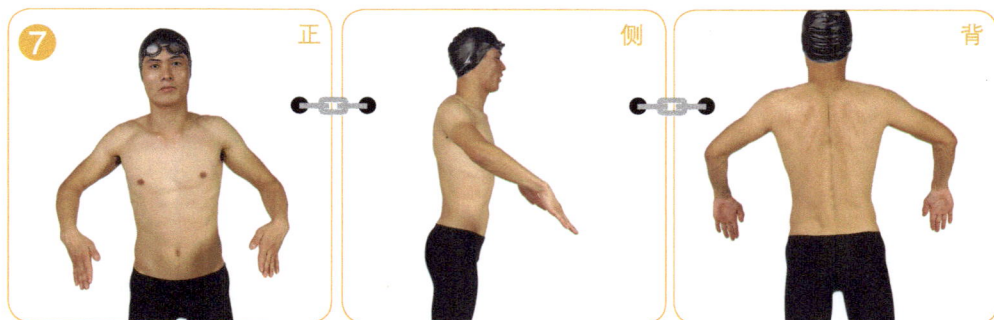

教练指点

内划动作应该以积极、快速、圆滑的方式来完成，尤其是最后在肩下方夹肘收手阶段的动作不应该减慢，而是要加速度完成。

9 正　　　　側　　　　背

7-9 在外划和抓水结束后，保持手型，将手臂按照向后、向下、向里、向上的轨迹进行滑动，直到手臂滑到肩后，夹肘收手，双手在肩下方合拢，收手结束时肘关节低于手的位置。

连贯动作：

教练指导

在整个内划的过程，上臂与前臂的角度一直在发生变化，这一点没有固定的标准，以个人能够发挥出最大的力量为主。在收手时，其角度应小于90°，整个内划的过程都保持肘高于手。

双手前伸

　　整个蛙泳划水的轨迹在俯视和仰视的角度来看都是椭圆形，从侧面观察即是由浅到深的，再由下向上、向前伸出的连贯、有力、快速的完整过程。 双手前伸动作不像看上去那么简单，而是一个配合头部、躯干、髋关节以及腿部向前冲顶的复合性动作。

10 正　　　　側　　　　背

⑪ 正　　側　　背

⑫ 正　　側　　背

⑬ 正　　側　　背

10-13

在内划至收手后，掌心朝向上，进入到伸臂动作阶段，掌心逐渐转向下，肘关节与肩关节逐渐伸直且向前伸出，整个动作快速，肩部有向前的作用力，向前伸臂的动作不可停顿。

连贯动作

🏊 腿部动作

　　蛙泳的腿部动作分为收腿、翻脚抓水、蹬夹水以及滑行 4 个阶段，学习掌握好这几个阶段对于提高蛙泳速度非常重要，因为腿部动作所获得的推进力占整个动作的 60%以上。

收腿

　　收腿是翻脚抓水以及蹬夹水的前奏，因此准确适度地完成收腿动作，能够让抓水和蹬夹水的位置更有利。

④ 背　　　　侧

1—4 整个收腿动作是由滑行动作开始的，初始阶段双腿伸平，收腿时，膝盖逐渐弯曲，小腿向大腿收拢，此过程中双腿保持平行，脚掌也尽量保持在一个平面，收腿结束时腹部与大腿之间所形成的夹角保持在120°~130°。

连贯动作

教练指导
在收腿过程中，大腿要放松，膝盖之间的间距不要分得太开。

翻脚抓水

　　腿部动作中，翻脚抓水动作是重中之重，它直接影响到蹬夹水的效果。如果翻脚的动作完成得不好，将直接减小推进力，达不到高效的游进速度。翻脚抓水的动作开始于收腿结束的同时或结束之前，这样就能保证翻脚抓水动作在蹬夹腿之前及时地进行。

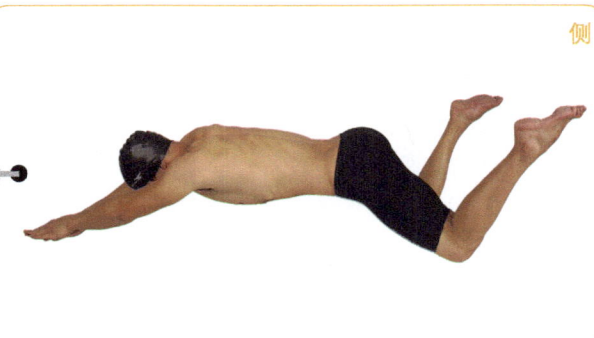

⑤ 背　　　　侧

6 背 / 侧

5-6 在收腿动作结束前，足跟接近臀部时两足跟外翻且尽量分开，脚踝放松，两足跟的间距大于双膝，双脚的脚趾朝向两侧，小腿尽量向大腿收紧，最后充分地形成一个小腿内侧与脚掌组成的向后对水面。

连贯动作

教练指导

初学者在练习腿部动作时出错最多的就是在翻脚抓水阶段。可增加一个过程就是调整阶段。初步练习时如翻脚抓水不理想，可不急于做蹬夹水动作，而是将翻脚抓水的动作做到尽量准确、规范。

蹬夹水

蹬夹水的动作技术完整性关系着整个腿部动作的效果好坏，很多初学者都会出现只蹬不夹的情况。蹬夹水的过程是先蹬水后夹水，蹬腿时以一个向外、向下、向后、向上的轨迹进行，而在最后的夹水时，脚踝加速内旋完成动作。

7 背 / 侧

7-10

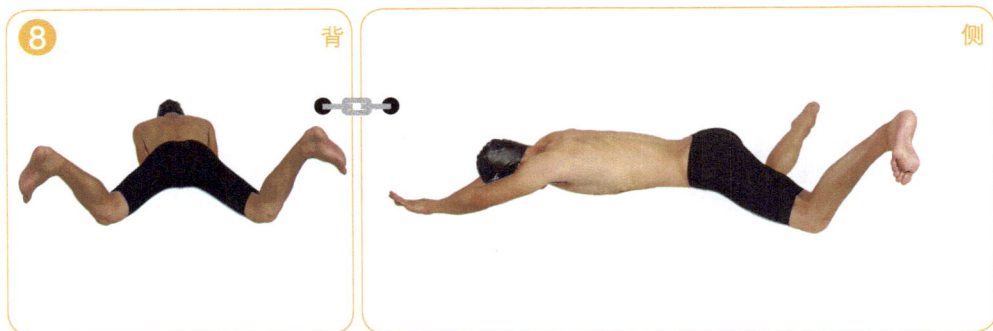

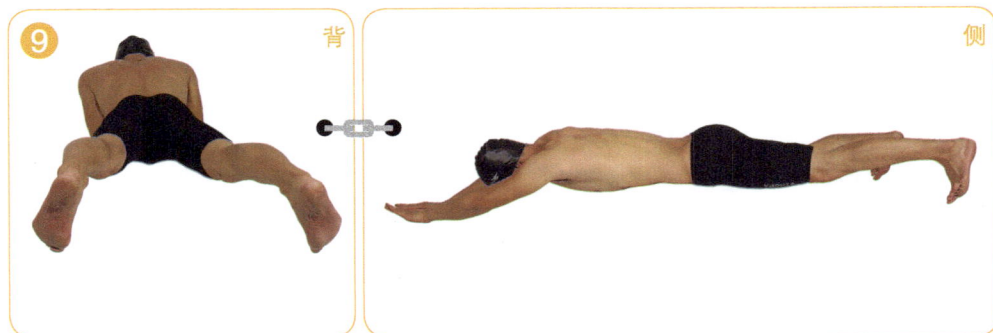

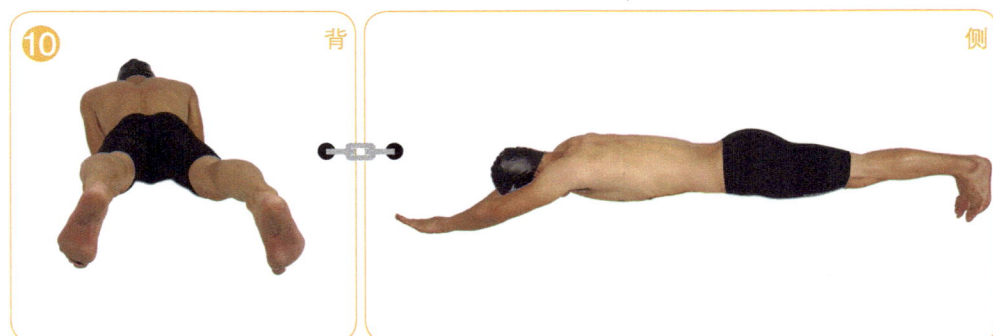

脚掌外翻抓水后，双腿径直向下方打出，不要出现向左或向右蹬的动作。整个过程中，双膝间距保持不变，脚部一直保持着勾的姿态。打水结束时，脚部加速内旋，双腿自然并拢且产生向上的作用力，结束时的双脚保持绷直。

教练指导

蹬夹水的腿部关节移动的路线和方向、双腿蹬夹水的速度和力量都是决定蹬夹水效果好坏的关键。做蹬夹水动作注重节奏的变化，整个动作过程中的速度由慢至快，力量从小到大。蹬夹腿不要过急，力量不要过大，否则会造成技术动作的不协调，影响效果。

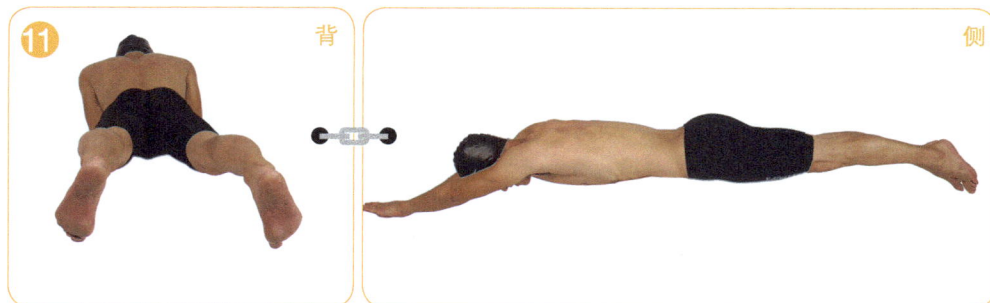

滑行

滑行的动作既是整个腿部动作的结束，也是下一个动作循环的开始。其基本要领就是将脚尖绷直使身体呈流线型滑行，从滑行的过程中可以判断出整个腿部打水动作效果的好坏。

11 在蹬夹水过后，身体随打水获得的推进力向前滑行，此时需要保持腰部下压，双脚接近水面且将脚尖绷直获取最好的流线型姿势，准备做下一个腿部的循环动作。

教练指导
保持良好的流线型滑行是非常重要，不论是在蛙泳还是其他泳姿中，在腿部动作结束后保持较好的流线型滑行会减小形状阻力和波浪阻力，增加游进的速度。

🏊 蛙泳配合技术

在学习完分解动作之后，就要将这一系列的动作配合起来，形成完整的蛙泳动作体系。

掌握节奏

蛙泳的配合动作是四种泳姿中最复杂的，也最不易掌握的。正确的配合动作应该是臂与腿在每一个动作步骤中都产生推进力且能够保持住。波浪式蛙泳的节奏可以概括为划水—前冲—蹬水。

想要保证好的节奏就要掌握收腿动作的配合时机。准确来说，在蛙泳进行时，当手臂前伸到预定位置的 3/4 进度的同时，腿部开始做蹬夹水，这样做就可以让身体借助蹬夹水形成的向上反弹力停在水面上，最大限度地减小阻力。蹬夹水的时机是掌握好蛙泳节奏的重要条件。手臂在内划结束后开始伸臂前冲动作来推进身体继续前进，双肩尽量靠近，使前冲距离更远，前冲动作的效果关系着整个动作的协调。

蛙泳的划水、前冲、蹬腿动作是相辅相成的，必须配合紧密，其动作呈稳定的加速波浪形。蛙泳的初始推进力是由划水获得的，前冲和蹬腿协助获得推进力使身体前进，这三个环节必须保证速度，任何一个阶段进行缓慢都会破坏整个动作的节奏。

蛙泳的节奏配合

配合的方式

现今蛙泳的主要配合方式即为 1:1:1，意思是每做一次划水，就配合一次呼吸与蹬腿。整个动作过程可以概括为："划水不动腿，收手时收腿，手将伸直蹬夹腿，蹬夹腿后是滑行"。1:1:1 的这种配合方式又分为三种手腿动作的配合形式，为连接式、滑行式和重叠式。

连接式是指蹬夹腿的动作完成后，并不进行滑行阶段而是手臂直接进行下一次的划水动作。这种配合方式特别适合训练程度不高但又追求速度的业余爱好者。

滑行式是在蹬夹腿动作之后，伸臂滑行一段时间后，再进行下一次的划水动作。这种配合方式适合长时间游泳，对于健身有很大的帮助。

重叠式是当今泳坛优秀运动员采取的主要配合方式，在蹬夹腿动作结束之前就开始以手臂进行下一次的划水。这种方式要求较强的身体素质，不宜于长时间游泳了。

臂、腿与呼吸的完整配合（全身动作）

在蛙泳的整个过程中，身体每一个部位都需要协调地配合。下面就来看一下整个蛙泳动作中身体各部位的动作，以及手、腿动作与呼吸的配合。

1

首先以伸展的姿势进行滑行。

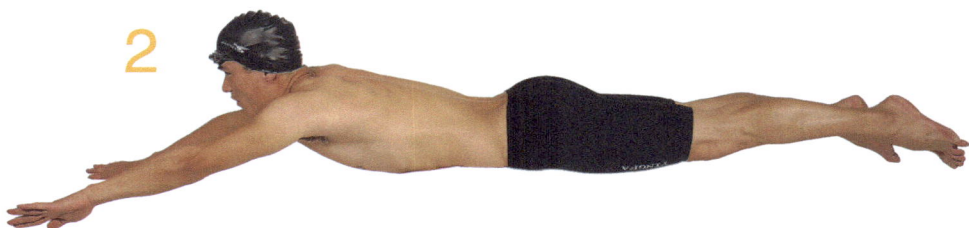

2

3

双手开始外划，在抓水压水的同时，头部抬出水面进行呼吸。

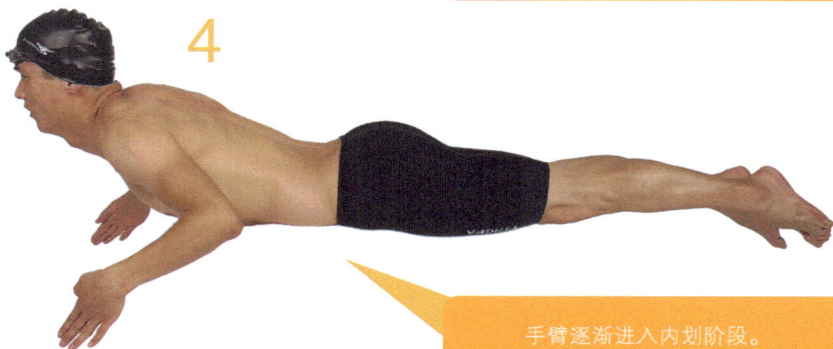

4

手臂逐渐进入内划阶段。

5

双手收于肩部下方，完成内划。

6

7

8

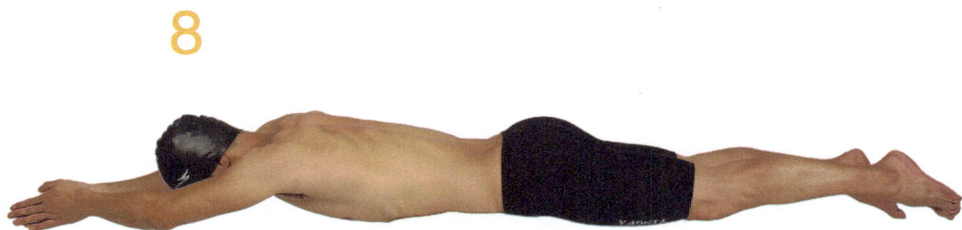

收手动作完成后，手臂逐渐前伸，在此过程中，上身逐渐伸直，头部浸入水中。

9

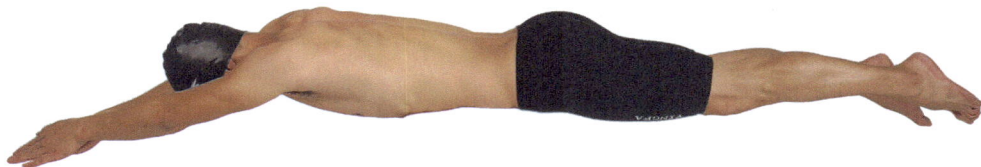

10

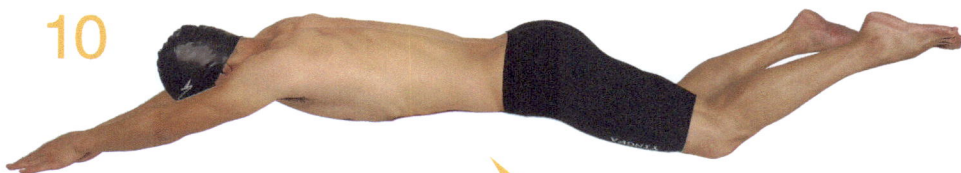

当手臂前伸一段距离后，开始进行收腿动作。

11

12

收腿时，膝关节不要太靠近腹部，在收腿结束的同时完成翻脚抓水。

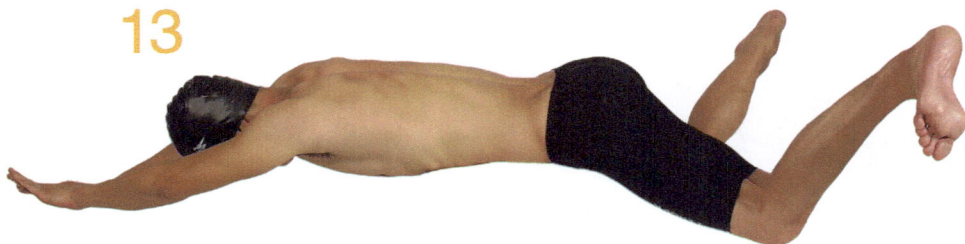

13

14

15

16

收腿完成后，双腿径直向下方打出，做蹬夹水动作，打水结束时，脚步加速内旋，双腿自然并拢，双脚保持绷直。

17

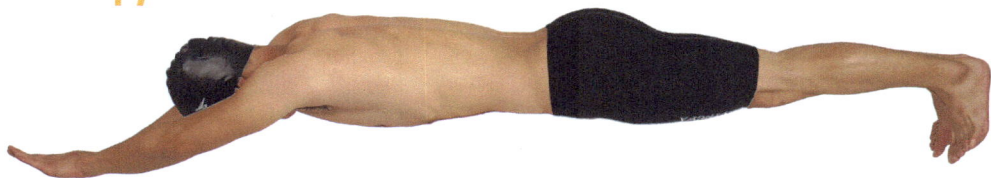

18

19

蹬夹水完成后，脚尖逐渐向后绷直，让身体尽量舒展，让身体以流线型姿态向前滑行。

教练指导

蛙泳正确的全身配合动作能够减小阻力和形成均匀的推进速度。从现今蛙泳技术的发展趋势来看，收腿幅度的减小，水面上方的移臂，手脚配合的时机都是针对以前蛙泳动作中阻力大、速度不匀的弱点而加以改善的。依靠力量增大推进力的游法可能会提高速度，但这种方式是成绩不稳的隐患，掌握正确姿势减小阻力的方式才是长久之计，才是能让成绩保证稳定的关键。

④ 蛙泳的系统练习

在学习和掌握了蛙泳的技术动作后，就要开始进行实质的针对蛙泳的一系列训练，通过针对性训练逐步体会蛙泳的完整动作，争取早日学会蛙泳姿势。

🏊 坐撑蛙泳腿部打水模拟练习

此练习是让练习者能够在陆地上清晰地体会腿部完整动作和用力的方法。

级别
此练习适合初级游泳练习者

次数
分 2~3 组进行练习，每组 5~8 次

注意

做蹬夹训练应由腹部和大腿同时进行发力，动作不可太猛，由慢至快地进行。

动作 1-2：练习时，身体坐于地面，上身后仰，双手撑于地面，双腿伸直，依次进行收腿、翻脚、蹬夹和停顿的动作。

🏊 蛙泳跳起夹水练习

在陆地上做跳起蹬夹水的练习是为了让练习者能够体会在水中快速蹬夹水的感觉。

级别
此练习适合初级游泳练习者

次数
分 2~3 组练习，每组 10 次

注意

做蹬夹水练习需注意安全，不要滑倒。另外，年龄过大和体重过大的练习者不适合此动作。

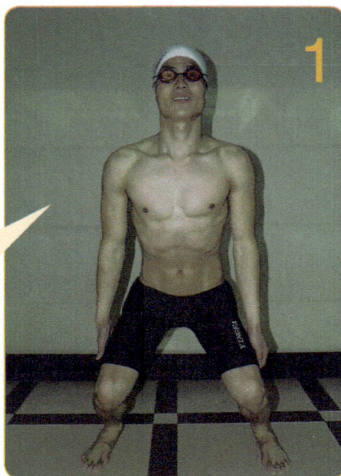

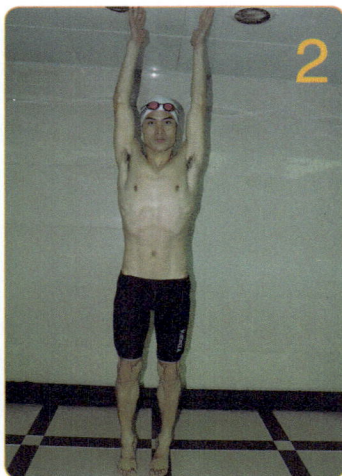

动作 1-2：练习此动作时，双腿弯曲，双脚分开宽于肩，双膝间距等于肩宽，迅速借助膝关节回弹和脚步蹬起的力量向上跃起，跃起的同时，双臂上伸，双腿靠拢，脚尖绷直。

〰️ 半陆半水蛙泳腿部打水练习

　　此练习可以帮助练习者在半陆半水的安全条件下，在无法用眼睛看到（没有视觉帮助）的情况下，依靠肌肉和运动的感觉来练习蛙泳腿部的动作，同时还可以初步在水中感受腿部动作形成的推进力。

级别
此练习适合初级游泳练习者

次数
分 3~5 组练习，每组15~20 次

注意

此练习同样只适合青少年初学者，年龄较大者不要进行此项练习。

动作 1-4：练习时将双手前伸，上体俯卧在池边，双腿处于水中。然后按照收腿、翻脚、蹬夹水和停顿的步骤来进行练习。

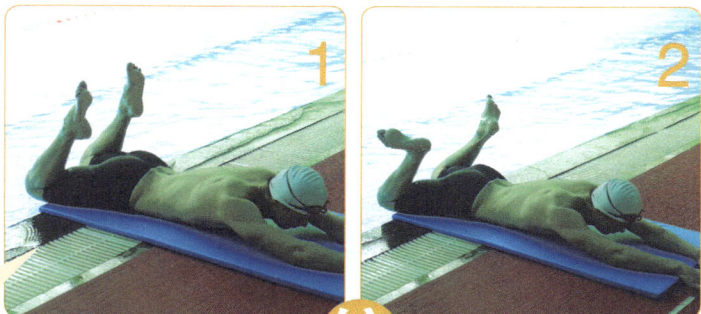
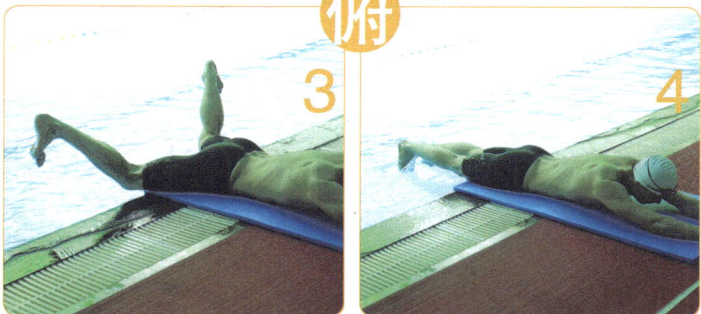

注意

初学者在练习半陆半水的腿部训练时，掌握节奏的变化是关键。另外，要注意收腿不要过度，及时翻脚，以及蹬夹时双膝先分开、之后相互靠拢等问题。

🐊 扶住池边配合呼吸蛙泳腿部练习

此动作不但可以练习身体在漂浮的基础上进行打水动作，还能逐渐从练习中掌握腿部动作与呼吸配合的时机。

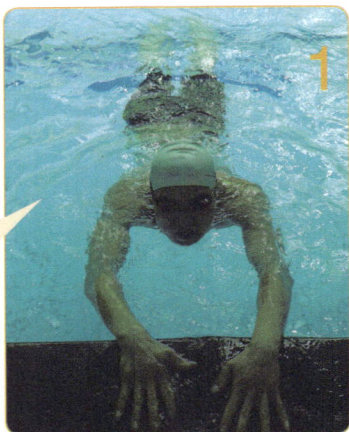

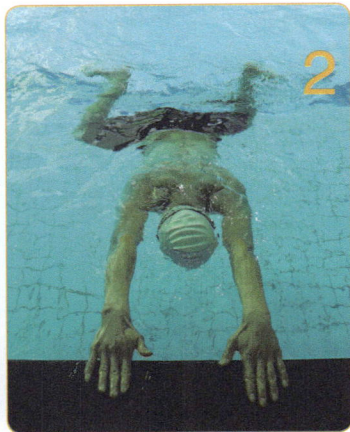

动作 1-2：做此练习时，双手扶池边，吸气后憋气，头部进入水中，双臂伸直，腹部肌肉用力使身体平直地漂浮在水面，双腿做蛙泳腿部打水练习，当腿部蹬夹动作完成后靠拢，保持漂浮姿态。此时头部抬出水面进行吸气，之后头部浸水慢慢吐气，反复进行打水练习。

🐊 水中借助浮板打水练习

借助浮板使身体漂浮平衡，利用已学到的蛙泳腿部动作进行练习，从中体会到腿部动作给予的推进力，另外借助此练习可改进错误动作。

动作 1-2：做此练习时，双臂伸直，将手扶住浮板的边缘部位，肩部放松，收腹保证身体的平稳漂浮。在此条件下，双腿练习蛙泳打水动作，蹬夹结束后滑行阶段抬头吸气。

🏊 徒手水中腿部打水练习

　　此项进阶训练是为了让练习者尝试在没有浮板支撑的情况下练习蛙泳的腿部动作，体会蛙泳游进时腿部动作与身体之间的协调配合，巩固呼吸配合技术。

📊 级别
此练习适合初级游泳练习者

🕐 运动量
分 3~5 组进行练习，每组游 25 米

注意

初学者在做此练习时会因为没有浮板的支撑而无法抬头，这样会因害怕的心理以致无法正常地配合呼吸动作。可以尝试多次蹬腿但只抬头呼吸一次。然后逐渐过渡至蹬腿一次，呼吸一次。

动作 1-4：做此练习时，先用脚蹬池壁或蹬地获得推进力，向前滑行，手臂保持向前伸直不动，身体自然放松，运用腰腹部力量保持身体的平稳，做腿部蹬腿打水练习，蹬夹水之后滑行的时间稍长一些。注意蹬腿动作的节奏，整个练习配合呼吸完成。

🏊 蛙泳陆上模拟划水练习

此练习是为了让练习者更深刻地体会真正在水中进行蛙泳时划水动作以及配合呼吸的节奏，同时牢记手臂肌肉的用力部位和熟练掌握划水的运动轨迹。

📊 级别
此练习适合初级游泳练习者

🕐 次数
分 3~6 组进行练习，每组 20~30 次

注意

练习时通过自己的眼睛仔细观察手臂划水的整个轨迹和肌肉的用力部位，且要牢记于心，在真正下水后也要做出准确的动作。

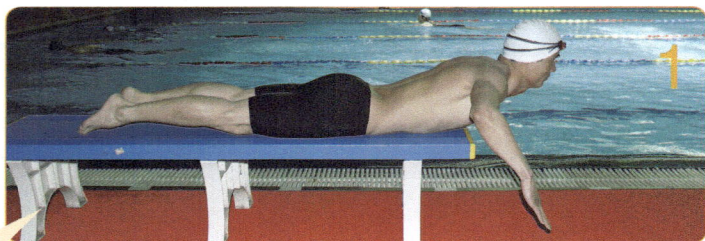

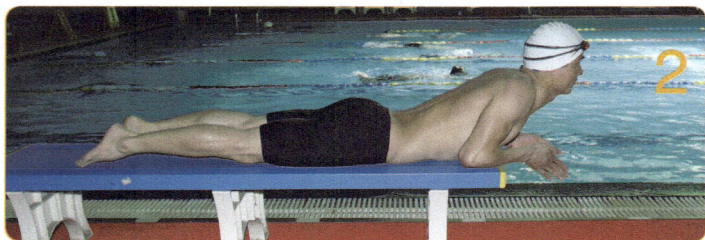

动作 1-2：做此练习时，将身体俯卧于一个能够给予手臂划动空间的长凳上，双臂同时做蛙泳划水练习，过程中配合抬头呼吸动作。

🏊 半陆半水俯卧划水练习

通过视觉的帮助初步练习水中划水动作，掌握划水动作与呼吸之间的配合方式，牢记划水时手臂的运动轨迹。

📊 级别
此练习适合初级游泳练习者

🕐 次数
分 6~8 组进行练习，每组 10 次

注意

练习时心中一定要记住各个动作的次序和节奏，不要出现伸臂后急于将头部抬出水面呼吸的情况。这样做会造成节奏混乱，动作不协调。

动作 1-2：首先俯卧于池边，胸部以下处于岸上，将手臂按照外划、内划、伸臂的顺序进行练习，在手臂做连贯动作的同时，配合练习呼吸动作。在外划时头部高出水面进行吸气，当内划和前伸时，头部重新没入水面憋气。

🏊 水中站立划水练习

此项训练可以让练习者更适应水中环境，巩固水中的划水动作与呼吸技术的配合，充分体会双臂划水时手臂与手对水的感觉。

级别
此练习适合初级游泳练习者

次数
分 5~8 组进行练习，每组 10 次

注意

此项练习唯一需要注意的就是只可以在浅水池进行，这样不但能保证安全，还能让练习者的动作练习更充分。

动作 1-5：做此练习时，先站立于水中，然后弯腰低头，循环做划水配合呼吸的练习。整个动作熟练之后，可配合向前走的动作，这样可以感受到划水推进的效果。

✕ 常出现的错误动作

划水动作常出现两个错误：1. 没有保持身体、肩部的平直，划水动作歪向一侧；2. 手臂外划动作过度，手臂间距过宽，划至肩后。

🏊 蛙泳水中完整动作

通过观察蛙泳在水中完整的动作练习，深入体会手臂、肩部、头部、躯干、髋部、腿部和脚部的技术动作以及发生的变化，牢记蛙泳动作各个部分与呼吸之间的紧密配合。

水下完整动作

< 侧视正面 >

5

6

< 正面 >

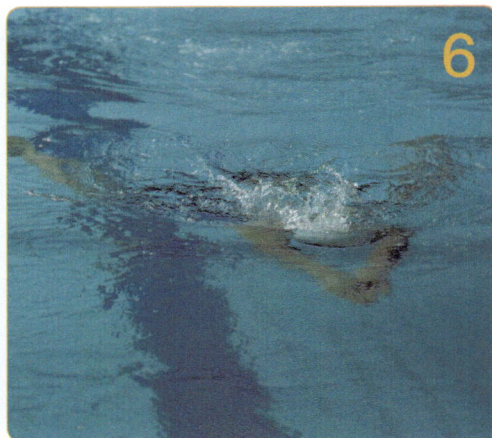

⑤ 仰泳

仰泳是四种泳姿中唯一一个以仰卧姿在水中游进的姿势，也是唯一一个在水中出发的泳姿。那么仰泳姿态是怎样产生又经历了怎样的变迁呢？

仰泳的雏形是人们以仰卧漂浮的形式在水上休息。仰泳技术的产生和发展有较长的历史。1794 年就有了关于仰泳技术的记载，后来根据爬泳的姿势和动作发展为在仰卧姿势下进行双臂交替向后侧划水、双腿轮流上下打水的技术动作。爬泳出现于 20 世纪初期，因为这种泳姿在技术上比较合理，游动速度快，所以逐渐被人们采用。在 1900 年的第 2 届奥运会上，仰泳就成为了比赛项目。当时的仰泳动作也称为反蛙泳，其动作近似蛙泳，而身体姿势相反。进入奥运会项目后，在接着的几届奥运会上，仰泳的比赛姿势为反蛙泳姿势。在后来的第 5 届奥运会这种技术被美国运动员 H. 赫伯纳打破，他使用双臂轮流划水、双腿上下打水的仰泳技术获得了 100 米仰泳冠军，开启了仰泳动作的新篇章，到 1921 年初步形成了现在的仰泳技术。

仰泳因为头部露出水面，呼吸方便，且比较省力的特点，深受中老年人和体质较弱者的喜爱。在奥运会的比赛中，仰泳也十分重要，分别设有男女个人 100 米、200 米以及 4×100 米混合泳接力第一棒等。

当今仰泳的技术特点

当今的仰泳动作表现为：身体仰卧于水面之上，胸部自然伸展与腹部呈一条直线，头部没于水中，脸部露出水面，手臂进行交替划水动作，腿部交替上下打水。

如今高效的仰泳动作表现在以下几个方面：1. 积极的流线型；2. 平稳的身体姿势；3. 身体像滚动的原木向两侧转动；4. 快速地出水和移臂；5. 手臂在肩的延长线上入水；6. 双腿间距较窄；7. 脚尖绷直打水；8. 入水手臂伸直；9. 以髋关节为支点，大腿发力带动小腿和脚部上下打水；10. 身体随划水手臂一侧转动；11. 呼吸方便，避免喝到水。

仰泳中核心发力比较关键。强壮、协调和灵活的身体能力是仰泳动作的动力来源。以仰泳姿态游进，远端肢体控制能力也是重中之重，较好地控制前臂、手掌、踝部、脚掌能够很好地抓水和支撑良好的身体姿态。动作协调、连贯也是提高仰泳技术的一个必要的途径，优秀的游泳运动员手臂和腿的动作都是非常协调的，这样可以形成合力提高游泳速度。另外，快速的划水和打水动作也是增大推进力、提高仰泳速度的重要方式。

🌊 身体姿势

仰泳动作十分注重身体姿态的保持，其理想的身体姿态就是让身体保持水平、流线型，尽量浮出水面。另外在仰卧的姿态中，通过收腹伸展身体，脊柱挺直，尽量减小身体阻力。可以说，高、平、直、稳是仰泳身体姿态的基本特征。

在游进的过程中，头和肩都需要稍高于腰和腿，身体与水面形成较小的角度。世界上部分优秀的仰泳运动员在游进时头和肩都是露出水面的。但不要刻意通过收下颌来提高头部位置，这样会使髋部和腿部下沉。

仰泳的身体位置

🌊 手部动作

仰泳中，手部划水完整动作是整个游进过程中产生推进力最大的部分，划水效果的好坏决定了仰泳的速度。其动作过程分为入水、下划抓水、上划、出水与空中移臂几个阶段。

入水

仰泳的手臂入水动作是与身体转动相结合的。其动作本身虽不产生任何的推进力，但是否能够高质量地划水直接受入水动作的影响。

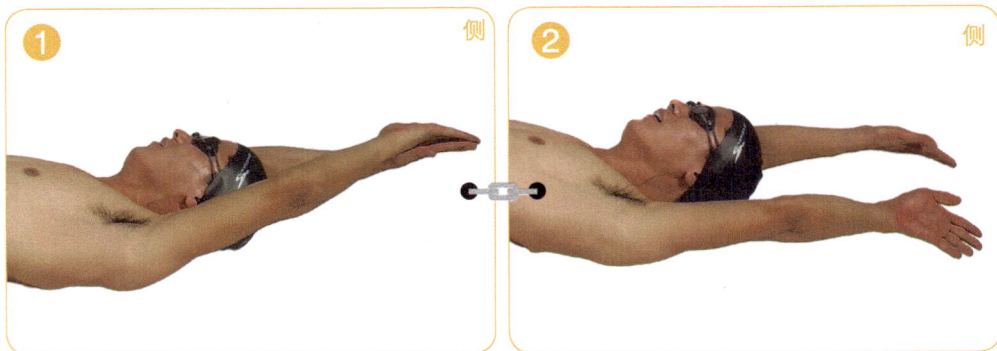

1-2 当一侧手臂即将入水时，先将掌心朝向外侧，手腕弯曲使手掌与前臂的角度呈 150°～160°，小指领先入水，手掌在肩部的延长线上切入水中，注意手的入水点应在头的前方，入水时，手臂伸直，肘部不要弯曲。

教练指导

做入水动作时，入水点的选择和手掌的形状一定要正确，否则会使整个划水的过程出现问题，例如，手部垂直入水会使身体摆动，以手背入水会造成较大的阻力。

下划抓水

　　下划抓水动作与入水动作紧密相连，中间不要停顿，连贯准确地下划抓水动作会使后面的划水动作产生更大的推进力。

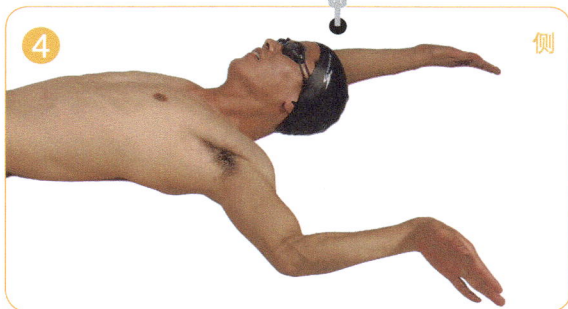

教练指导

抓水的深度随每个人的体质而有所区别，性别、力量、柔韧都是决定抓水深度的先决条件。优秀的运动员将抓水深度控制在与头部平行的水下位置。

3-4

手在入水后，身体前伸，肩部也向前伸带动入水手臂继续下划；紧接着手臂外旋，肘部和腕部同时弯曲，以手掌和前臂对水，手部要有压水的感觉，此时手掌和前臂保持最大的对水面，抓住大量的水。

连贯动作

上划

　　划水是整个手臂动作产生推进力的主要阶段，仰泳的划水是一个呈三维立体螺旋曲线的运动轨迹，整个划水动作中在下划抓水结束后，手臂继续上划。

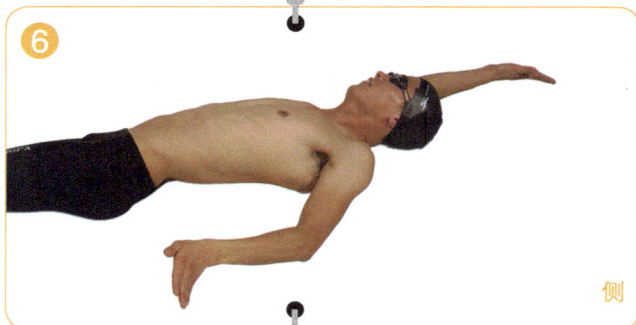

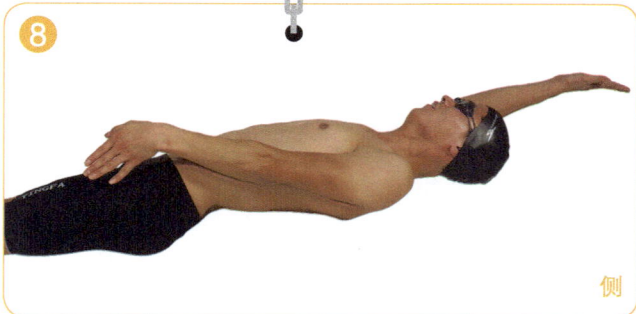

⑤ 侧

⑥ 侧

⑦ 侧

⑧ 侧

5-8

在上划过程中，手臂向后、向上、向内做划水动作，划动手臂时逐渐加大屈肘的角度，手掌垂直于水面，肘部对着池底，当第一次向上划水阶段结束时，手掌距离水面15~20厘米，手指朝向斜下方。

教练指导

在做第二次向下划水时，初学者常出现直接向后推水的错误，注意一定要以手掌鞭状压水并向后推水，这样才能有效地保证划水距离。

在第一阶段上划结束、手掌划至最上方时，开始进行第二阶段划水，这个动作也称为鞭状推水。随着身体的转动，手臂延螺旋曲线向下、向后和向内加速做划水动作，手划至大腿下侧停止。

在第二阶段下划水之后，将手掌翻转，手臂沿向上、向内和向后做上划动作，直至手接近大腿上侧准备出水。

　　出水动作是指手臂在水下划水结束后迅速提出水面的动作过程，而空中移臂则是将手臂由后向前直臂移动，为下一次入水做准备的动作过程。空中移臂应该在手臂出水后快速进行，两个动作环节要连贯起来，中间不要停顿。

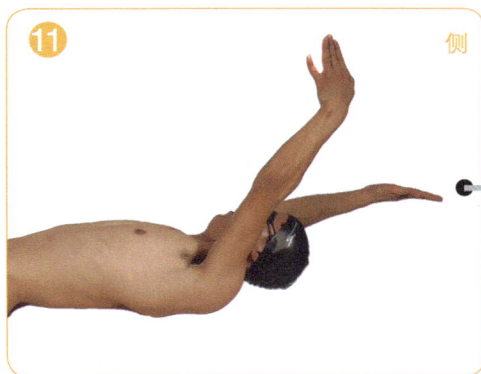

⑨ 侧

⑩ 侧

⑪ 侧

⑫ 侧

9-12

当上划动作结束后，手掌贴近大腿，旋转手臂使掌心指向大腿，先收缩肩部肌肉，再利用手掌压水的反作用力和身体的转动带动手臂迅速出水。此动作过程中，手臂保持伸直，压水提肩，让肩部先出水，然后上臂、前臂和手掌依次出水，出水时拇指先出水。出水后，手臂保持伸直向前移动，上臂保持贴耳，手掌向内，手臂越过头部后，手掌转向外侧准备入水。

连贯动作

教练指导

手臂的出水和移臂与身体的转动密切相关。当手臂出水时，身体转向另一侧，当手臂在空中移臂时，身体又再次转向移臂手的一侧。

〰 腿部动作

仰泳的腿部动作在实际比赛的运用中有两种，一是仰泳腿，也就是双腿上下交替打水，二是反蝶泳腿。反蝶泳腿技术即是反向的海豚式打水动作。在仰泳比赛中，一般应用于出发阶段和转身阶段。本节主要讲解游进过程中仰泳腿的技术动作。

仰泳的腿部动作分为上踢和下压两部分。

仰泳腿上踢

上踢是仰泳腿部动作产生推进力的主要动作，完成上踢动作时需要力量和速度的配合。

1-3

在做上踢动作时，脚部向内旋转，利用躯干使大腿发力带动小腿和脚部呈鞭状打腿，依次向上做踢水的动作。此动作过程中膝盖逐渐伸直。大腿在向上接近水面时，运用髋部控制大腿下压，而小腿和脚部会因为惯性加速度向上运动，完成上踢打水。

教练指导

在做上踢打水动作时，大腿是接近水面而不能露出水面的，而脚尖只是略微出水，注意不要出现水花四溅的情况。

仰泳腿下压

　　下压动作可以使身体产生向上的力，这种压力不但能够使胸部以上在水中保持较高的位置，还能保持髋和腿在水中的位置，以达到最好的身体流线型。

4－5 当腿部下压时，先伸展髋部，由大腿发力带动小腿和脚部向下压，下压的过程中脚尖绷直，大腿在下压一段距离后，在腰腹部肌肉的带动下转为向上踢腿动作，此时小腿和脚掌由于惯性继续下压，膝盖产生弯曲。

教练指导
做下压动作时，腿部下压的幅度不要过度，否则身体的流线型会被破坏，产生较多的阻力。

连贯动作

🌊 配合技术

　　在学习完分解动作之后，进一步学习如何将仰泳中各个单项技术串联起来，形成完整的仰泳动作体系。在仰泳的整体动作中，双臂划水、呼吸与手臂动作、全身动作与呼吸是怎样配合的呢？

手臂与呼吸的配合

仰泳动作中的呼吸动作比较容易掌握，因为在游进过程中，脸部始终是保持在水面上的。难点是呼吸的节奏，以及与手臂划水的配合时机。例如，呼吸不够充分动作就会逐渐混乱；呼吸太充分就会改变身体重心，破坏身体高、平、直、稳的流线型。就当今世界泳坛优秀的仰泳运动员来看，一手臂空中移臂时吸气，另一手臂交替划水到空中移臂时进行呼气，这种的呼吸配合的应用率是相当高。

一手臂空中移臂时吸气

另一手臂空中移臂时呼气

双臂的动作配合

仰泳的双臂配合动作与自由泳相似，都是力求身体能够获得均匀的推进力，让身体能够匀速前进。

仰泳的双臂配合一般为，当一手臂入水时，另一手臂正完成划水阶段，两条手臂形成相对的位置。这样配合能够使一手臂结束划水动作后，另一手臂马上进行新一轮的划水动作，持续产生推进力。

这种双臂的配合动作能使身体更加协调地转动。当一手臂入水下滑时，身体自然地向这一侧转动，身体的转动也带动对侧手臂出水移臂。这样动作更加轻松自然，肩膀也更为放松，移臂的速度更快。当一手臂移臂至头部上方时，另一侧手臂进入第二次下划阶段，这个瞬间身体处于左右两次转动之间，呈平卧姿态，接着会转向移臂的一侧，并充分利用转体使入水更加流畅。

一手臂入水，另一手臂完成划水
阶段，双手臂呈相对位置

一手进入下划抓水阶段，另一手臂则
出水开始移臂

　　在仰泳的整个过程中，身体每一个部位都需要协调配合。下面就来看一下整个仰泳动作中身体各部位的动作，以及手、腿动作与呼吸的配合。

1

首先，身体仰卧以伸展的姿势向前滑行。

2

3

4

一手臂入水后，逐渐进入下划和抓水阶段。

5

手臂在抓水后，开始上划，注意上划动作中的两个阶段。

6

7

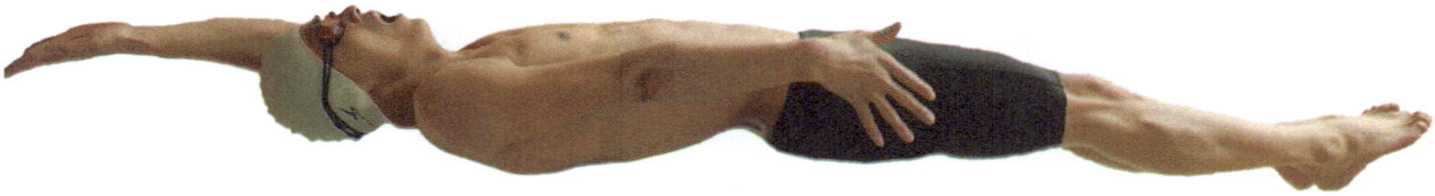

8

手臂出水后，空中移臂的阶段。

9

10

11

12

13

14

15

16

另一侧的手臂也完成一次划水的整个动作，注意双臂的配合时机。

17

18

19

教练指导

在仰泳的完整配合动作中，核心力量的作用也非常重要，其主要表现在游进过程中躯干不断地转动带给四肢力量并带动四肢的动作。当今仰泳的配合节奏多采用 6∶2∶1 的模式，也就是打腿 6 次，手臂划水 2 次，呼吸 1 次。

⑥ 仰泳的系统练习

在学习和掌握了仰泳的技术动作后，就要开始进行实践练习了。大家可以通过针对性训练逐步体会仰泳在水中的动作，争取早日学会仰泳。

🏊 仰泳半陆半水打水练习

以半陆半水的外在条件进行仰泳打水练习的主要目的是帮助练习者在没有视觉帮助下，依靠肌肉感受腿部在水中打水的动作。

级别
此练习适合初级游泳练习者

次数
分 3~6 组进行练习，每组 20~30 次

注意

在做此练习时明确腿部和脚部的正确动作，不要出现前后蹬水和将脚勾起来打水的错误动作。

动作 1-2：做此练习时，首先平躺于池边，大腿以上在池边，大腿以下处于水中，双腿交替做打水训练。

🏊 手抓水线打水练习

手抓水线进行打水练习，可以让身体完全融入水中，在整个身体有支撑的条件下，巩固腿部打水的训练，提高打水动作的耐力。

级别
此练习适合初级游泳练习者

次数
分 3~5 组进行练习，每组 30~60 秒

注意

在抓水线练习打腿时，不要抬头，避免胸腹下沉，无法正常地体会腿部打水的效果。

动作 1-2：仰卧于水面并与水线垂直，身体在水线下方，双手将水线抓稳，腹部用力，尽量贴近水线，保持高、平的身体姿态，双腿做上下交替打水练习。

〰 借助浮板练习打水

身体全部处于水中，在浮板的支撑辅助下保证身体的平稳，通过腿部打水的巩固练习，感受仰泳腿部形成的推进力。

注意

将浮板盖住大腿的上部，可以有效地在练习中避免大腿露出水面，使动作练习更加规范。

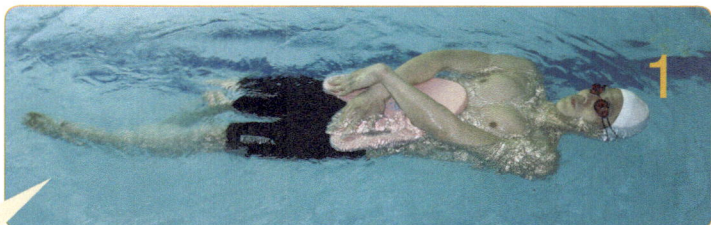

动作 1-2：做此练习时，注意手抓浮板的方式一定要准确，应将浮板置于腹部，双手从两边交叉抓住浮板，腹部要用力尽量贴近浮板，双腿交替打水推进。

〰 徒手漂浮练习打水

经过手抓浮板的腿部打水练习后，加深训练难度，尝试在没有支撑的情况下，徒手仰卧于水面进行腿部打水练习。

注意

初学者在没有浮板的支撑后会出现身体下沉的情况。应尽量向上挺腹，让身体保持水平姿态。

动作 1-2：做此练习时，先用脚蹬池壁使身体仰卧向前滑行，借助腰腹力量使身体尽量平稳后，将双臂置于身体两侧，双腿进行上下交替打水练习，推进身体。

🏊 伸臂仰泳打水练习

伸臂动作能够帮助初学者改善在水中仰卧的身体姿态，在巩固腿部打水练习之余，锻炼头部和身体的控制能力。

注意

手臂前伸容易造成身体下沉，应该用力打腿以维持身体的平衡。

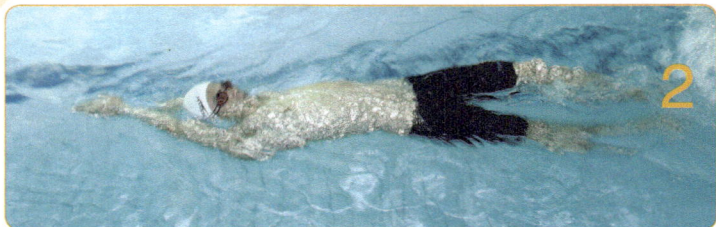

动作 1-2：做此动作时，用脚蹬池壁，手臂前伸，双手交叠将头部夹于双臂之间，使身体呈仰卧流线型滑出，待身体平稳后，双腿进行上下交替打水练习。

🏊 转身打水练习

在徒手仰卧打水练习过程中加入转体动作，通过练习掌握转体与腿部动作的配合节奏，提高身体的转动能力。

注意

注意此练习过程中，身体转动与腿部动作的配合如下：当一侧腿部下压，另一侧腿部上踢时，身体转向上踢腿一侧。

做此练习时，先使身体呈仰卧姿态漂浮于水面，两条手臂放于身体两侧，开始进行打水练习，保证头部的平稳，身体随腿部打水动作向两侧转动。

🏊 陆上仰卧划水模拟练习

做陆上仰卧划水练习着重培养练习者在仰卧时手臂肌肉的用力部位和熟练掌握划水的运动轨迹。

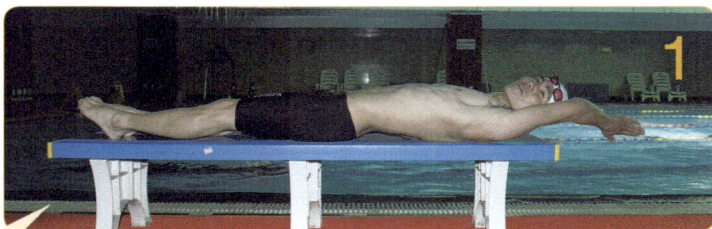

动作 1-2：做此练习时，将身体仰卧躺于一个能够给予手臂划动空间的长凳上，一手臂前伸，另一手臂做划水动作练习。

🏊 水中站立划水练习

将身体融入水中练习仰泳手臂划水动作，能够让手部体会划动时对水的触感，同时在划动手臂时配合呼吸技术，掌握仰泳划水时呼吸配合的时机。

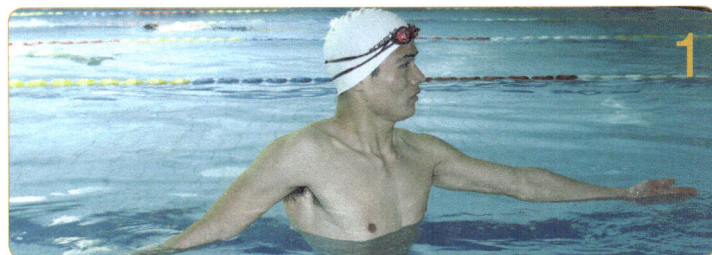

动作 1-2：站于水中，双臂进行划水练习，划水时双臂进行配合，如一臂在入水时，另一手臂刚刚完成划水阶段。双臂配合划水时还要加入呼吸动作，当一侧手臂移臂至头部正前方时，进行吸气，当另一侧手臂移到同一位置时，进行呼气动作。

🏊 把浮板系在腰上练习浮游

在浮板支撑的条件下，进行仰泳全身动作配合呼吸的练习，初步体会仰泳完整动作与各个细节之间的配合方式与节奏。

注意

浮游仰泳训练可以帮助不能长时间保持平稳漂浮、腰部容易下沉的初学者矫正身体姿态，并在此帮助下初步体会仰泳各个动作的配合节奏。另外注意腿部打水动作不要过大，要记住，上踢动作强，下压动作柔和一些。

动作1-4：将浮板系在腰上让腰部上浮给予身体一个支撑力，使身体能够以高、平的姿态仰卧漂浮于水面，同时保持较好的流线型。在此基础上，将手臂划水动作、腿部打水动作、身体转动与呼吸相配合，以仰泳的正确姿态游进。

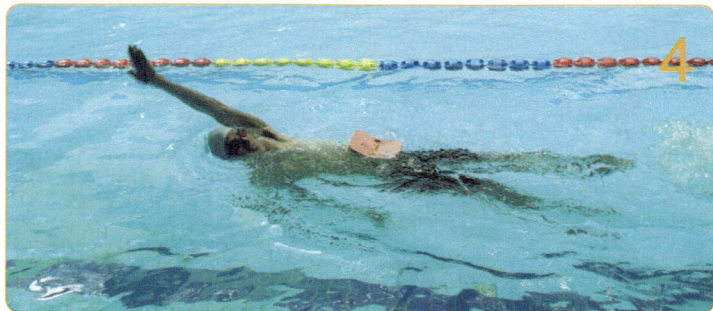

🏊 仰泳水中完整动作

　　通过观察仰泳在水中完整的动作练习，深入体会手臂、肩部、头部、躯干、髋部、腿部和脚部的技术动作以及发生的变化，牢记仰泳各个动作与呼吸之间的紧密配合。

水下完整动作

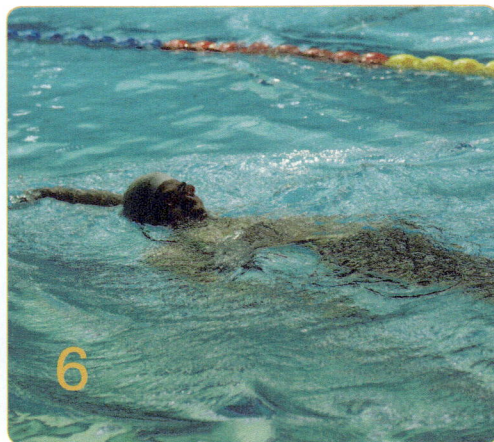

1

2

3

4

5

6

< 侧视背面 >

⑦ 蝶泳

蝶泳动作的产生与蛙泳紧密相连,可以说蝶泳动作就是从蛙泳动作中分离出来的。那么蝶泳是如何出现的,又是如何发展的呢?

在 20 世纪 30 年代初期的蛙泳比赛中,对蛙泳动作没有明确的限定,所以一些运动员自发奇想地在蛙泳手部划水结束后,使用将手臂提出水面且从空中向前摆进再次入水的动作。由于这个动作非常像蝴蝶展翅所以被取名为蝶泳。在之后的比赛中,就经常有人使用这种姿态参与到蛙泳的比赛中,成绩往往高于仍旧使用传统蛙泳姿势的运动员。

1956 年,奥运会将蝶泳分离出来,作为独立的项目进行比赛。此后,为了使蝶泳技术得到迅速改进和提高,在蝶泳规则中增加了可以在垂直面进行上下打腿的规定,于是就形成了如今蝶泳的海豚腿的打水技术。

蝶泳在四种竞技游泳姿势中出现最晚。自从蝶泳与蛙泳分开后,蝶泳技术得到了很快的发展,近 10 余年来蝶泳技术的动作配合都是:双臂同时划一次,打水两次。

🌊 蝶泳的技术特点分析

如今的蝶泳动作表现为:双臂与双腿呈对称运动,身体在水中呈波浪式起伏。阻力随身体动作时大时小,双臂划水和空中移臂伴随着腿部的上下打水使游进的速度一直在发生较大的变化。因此当今的蝶泳发展也力求减少划水过程中形成的阻力和保持均匀的游速。

在当今泳坛,高效的蝶泳动作表现为以下几个方面:1. 身体保持较好的流线型;2. 躯干快速有力的波浪形动作产生较大的推进力;3. 打腿有力,且动作连贯,腿部打水时产生的波浪较小;4. 较早地进行划水和抓水动作,抓水时要充分有力;5. 移臂时整个身体的动量向前;6. 双手尽量向前伸;7. 手臂入水后推水时间不要过长。

蝶泳是四种泳姿中速度第二快的姿势,其动作节奏鲜明,躯干在水中不断做波浪形运动需要较好的肌肉力量、身体协调性和柔韧性。

〰 身体姿势

蝶泳没有固定的身体姿势，在游进中躯干和头部有时露出水面，有时潜入水中，再配合腿部有节奏的上下打水运动，形成波浪形上下起伏的变化位置，在蝶泳的游进过程中需要注意以下三个身体部位的把控。

头部位置

游进过程中不另做呼吸的动作，头部应尽量减少动作，这样可以减少身体的起伏，同时还能让颈部放松，提高肩部的灵活性。在配合呼吸的动作中，抬头吐气、呼气的幅度不宜过大，尽量保证下颌贴近水面。

背部位置

在游进过程中，背部要尽量保持水平，起伏不要太大，在身体呈波浪形变化时，要力求背部保持在水面上或紧贴水面。如果背部起伏过大形成垂直运动的话会增大阻力，进而会大量地耗费体力。

臀部位置

在蝶泳游进的过程中，臀部应以小波浪形的运动轨迹保持向前上方移动，臀部位置如果太高或太低，不但破坏身体的平衡，还会对腿部打水所产生的推进力产生影响。

呈小波浪形轨迹向上移动

🏊 手部动作

蝶泳的手臂划水动作在整个游进的过程中产生了主要的推进力，其手臂划水的轨迹呈S形曲线，动作分为入水、水下外划、水下内划、水下上划、出水和空中移臂几个阶段。

入水

蝶泳的入水动作是整个划水动作的开始，由于动作幅度较大，所以要尽量保证入水的轻柔，避免产生较大的波浪形成阻力。

1-3 在做入水动作时，以肩部为轴，手臂直臂滑向入水点，正确的入水位置应该在两肩的延长线或略窄于肩的延长线上，手掌向外翻，拇指领先入水，双手掌同时对称地斜插入水，然后前臂和上臂依次入水。入水时肘关节略微弯曲，掌心朝向外下方。

教练指导

做入水动作时，双手的入水点如果太宽，划水的路线就会被缩短，不能产生足够的推进力；入水点如果太窄，后续的划水和抱水动作就无法流畅地进行。

水下外划

　　水下外划的动作与抓水动作紧密相连，动作的准确度直接影响内划和上划的质量。因为外划阶段不产生推进力，所以速度相对较慢。充分伸展发力的肌群，为内划阶段做好准备。

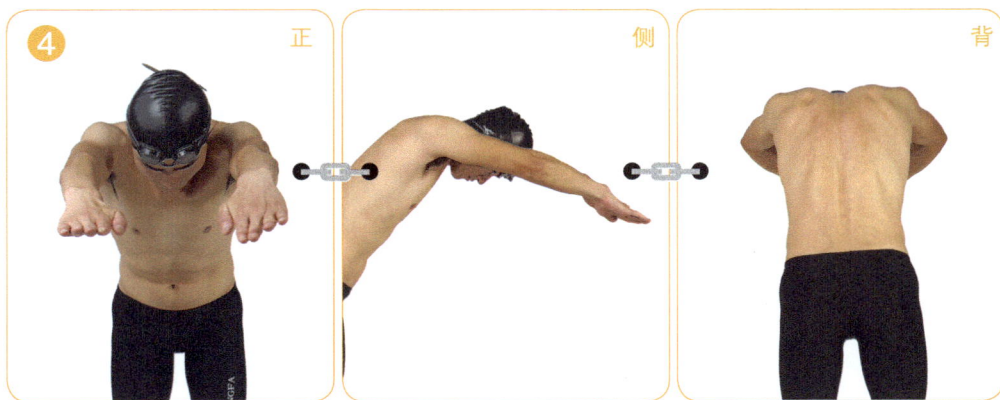

④　正　　　侧　　　背

4 手臂入水后尽可能沿水面向前伸肩和伸臂，接着双手内旋微向外翻，向外向下移动，划水至肩线的外侧，手腕弯曲，手掌改为向外、向下和向后，同时屈肘完成外划动作。此时手臂在头前形成高肘的姿势，这样可以使背阔肌、大圆肌等大肌肉群预先拉长，为内划的主要阶段做好准备。

教练指导

在外划动作中，屈肘是为了缩短向后对准水的距离。

水下内划

在做内划动作时逐渐产生了推进力，动作速度应该逐渐递增。

⑤ 正　　　侧　　　背

⑥ 正　　　侧　　　背

⑦ 正　　　侧　　　背

❽ 正	侧	背

❾ 正	侧	背

5-9 在外划过后，双臂继续屈肘保持高肘姿势，手掌从向下、向外、向后转为向内、向上和向后，随着手部的内划动作，屈肘程度逐渐加大，当手臂划至肩的下方时，肘关节弯曲呈 90° ~ 100°，双手之间的距离最近。

连贯动作

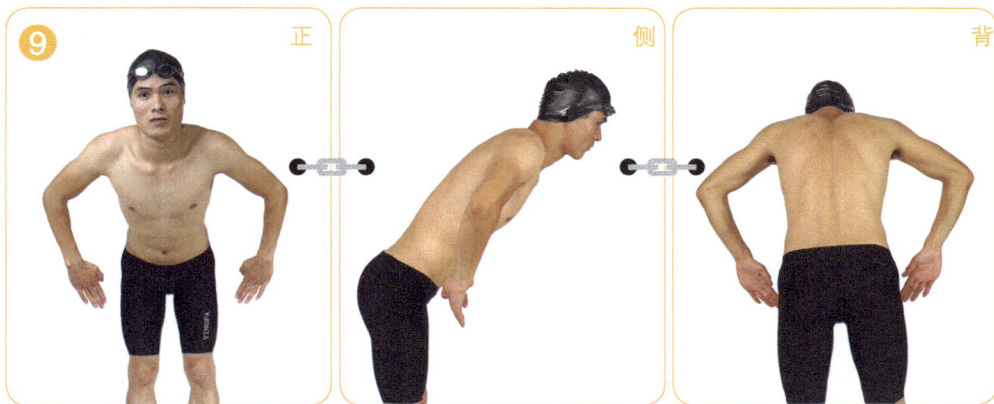

教练指导
在内划阶段，双臂划至身体下方时，双手靠得越近，整个水下划水产生的推进力就越大。

水下上划

当手臂划至腹部下方后就要进入上划阶段。水下上划动作是整个划水动作中产生推进力最大的阶段。

10—12

当手臂内划至腹下后开始进入上划阶段，将手臂内旋，从原来的向内、向上、向后方转为向外、向上和向后方划动，逐渐伸肘、伸腕进行划水，当手掌划至腰部两侧时，划水动作结束，转至出水阶段。

教练指导

上划的阶段分为两部分:前半部分,手掌主要向后推水,路线要直;后半部分,手掌向外、向上推水。

出水与空中移臂

蝶泳的出水动作是利用划水形成的惯性由肩部提拉手臂。出水后的移臂动作连贯进行,中间不做任何停留,同样是利用肩部带动双臂在身体两侧由后向前直臂移动。

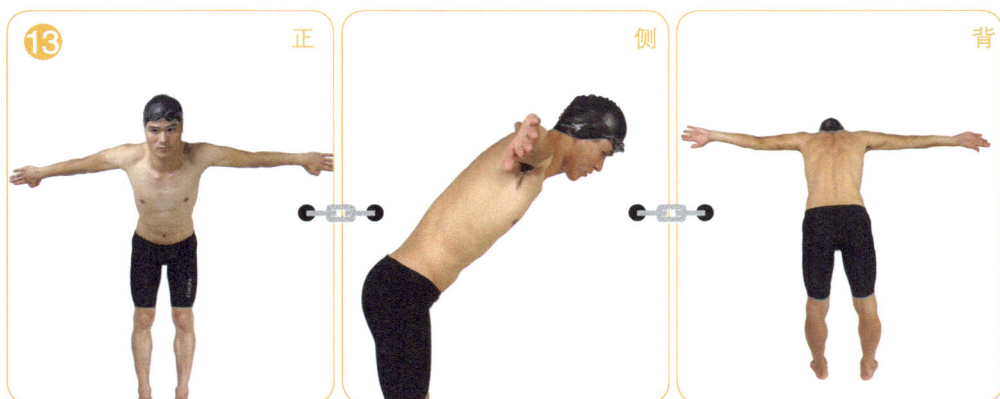

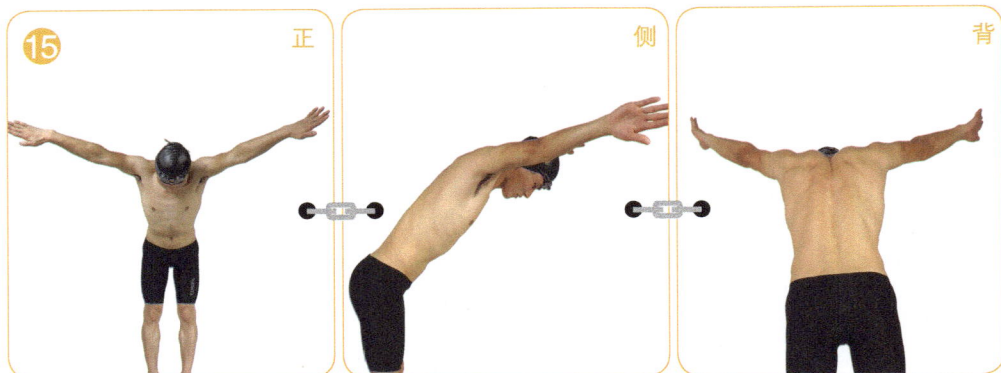

正　　侧　　背

13-15

当双臂划至腰部两侧进入出水阶段时，肘部已经露出水面，充分利用划水所形成的惯性，以肩部带动手臂提肘出水。出水时掌心向后，小指领先出水，减小出水的阻力。出水后，同样在肩的带动下，使双臂在身体两侧沿低平的曲线向前摆动至头部前方，准备做下一个入水动作。

连贯动作

教练指导

做出水移臂动作时，肩应该露出水面，手臂保持自然伸直的状态，前臂和手腕自然放松，拇指朝下，自然地由上臂带动前臂向前摆动。

🌊 海豚式打水动作

蝶泳中，腿部同时做鞭状打水的方式与海豚尾鳍打水相像，所以蝶泳的打腿动作也称为海豚式打水。在蝶泳技术动作的发展中，这种海豚式打水动作体现了较好的柔韧性和爆发力。海豚式强而有力的打腿动作提供了蝶泳游进中较好的身体平衡和各个动作的配合时机。

蝶泳腿部动作分为上打和下打。

蝶泳的打腿运动方式与海豚尾鳍的打水动作相似

上打水

做上打水动作是借由整个躯干形成波浪形态所产生的惯性带动进行的。上打水动作基本不产生推进力，主要产生向上的力维持身体的平衡。

1-4 在做上打水时，双腿自然并拢，脚跟稍微分开呈"内八字"，当双腿在前一个向下打水的动作结束后，大腿随惯性开始上提，然后双腿伸直向上移动，臀部下沉，利用腰背发力带动小腿弯曲，踝关节放松完成上打水动作。

教练指导

在进行打腿的过程中，不要破坏身体的流线型，动作的发力是依靠躯干的整体运动形成较小的波浪起伏来实现的。

连贯动作

下打水

　　下打水在腿部打水阶段产生了主要的推进力，所以在做下打腿时速度相对较快。整个打水的过程与头和臀部的动作紧密联系。

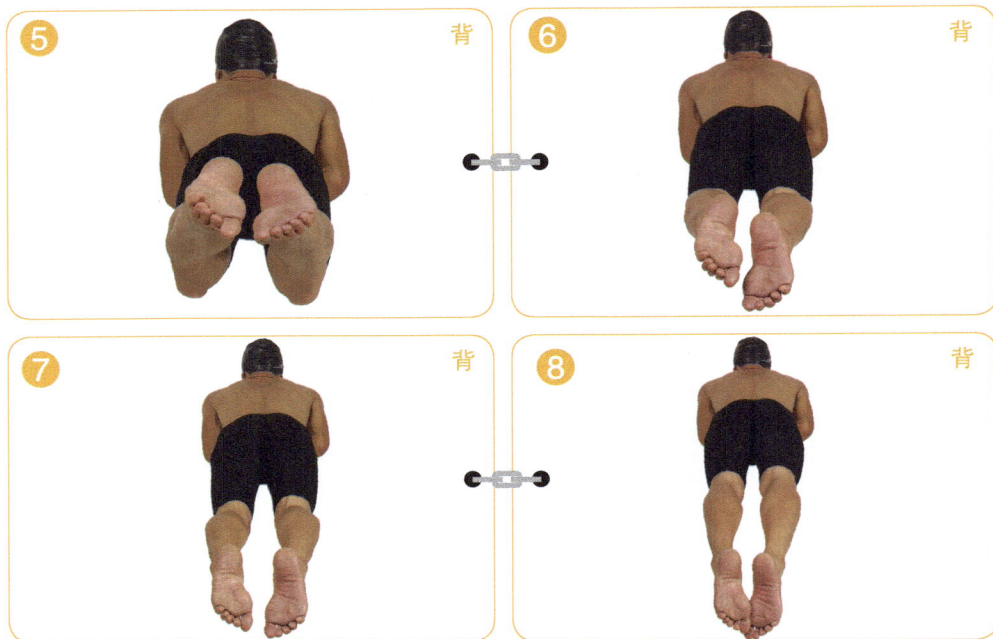

5-8

当腿部开始下打水时，大腿开始下压，膝关节也随大腿下压，脚面绷直。不要让踝关节过度紧张，小腿随大腿加速向后下方打水。在向下打水的动作尚未结束时，大腿又开始向上移动。在膝关节完全伸直时，向下打水的动作才结束。

教练指导

在做向下打水动作时，脚的运动方向是向下和向后，要确保脚部向下的幅度大于向后的幅度。

连贯动作

在学习完分解动作之后，就要将这一系列的动作配合起来，形成完整的蝶泳动作体系。

手与脚的配合

蝶泳动作通常的手脚配合为：每划一次水，做两次打水动作。但两次打水动作的幅度不同，一次大，一次小，由于身体在游进过程中会发生位置的变化，所以第一打腿的幅度和形成的推进力较大一些。

手臂动作与腿部打水动作配合的时机为：在一个完整动作中，手臂在入水和外划时，做第一次向下打水动作，在手臂内划的开始阶段，完成第一次打水的上抬动作。在手臂由内划转向上划的阶段，开始做第二次打水的向下打水动作，当手臂处于移臂阶段时，腿部做第二次的上抬动作，这样即形成了一个完整的配合动作。

第一次向下打水时，双臂刚刚入水

第一次向上打水时，手臂正处于内划阶段

第二次向下打水时，双臂处于上划阶段

第二次向上打水时，双臂正进行出水移臂

在手臂动作与打水的配合过程中，由于手臂前伸会造成游速下降，第一次向下打水可以减小下降的速度，而第二次向下打水虽然幅度没有第一次大，但是可以很好地加快上划的速度，保持很好的身体流线型。

呼吸配合技术

蝶泳靠手臂在进行外划和内划的阶段产生的升力使身体波浪起伏后，头部露出水面进行吸气，然后头部随空中移臂迅速低头，以最大限度地减小抬头动作对身体平衡的影响。

在蝶泳的整个过程中，身体每一个部位都需要协调配合。下面就来看一下整个蝶泳动作中身体各部位的动作，以及手和腿的动作与呼吸的配合。

1

双臂完成入水阶段。

2

双臂内划且抓水。

3

4

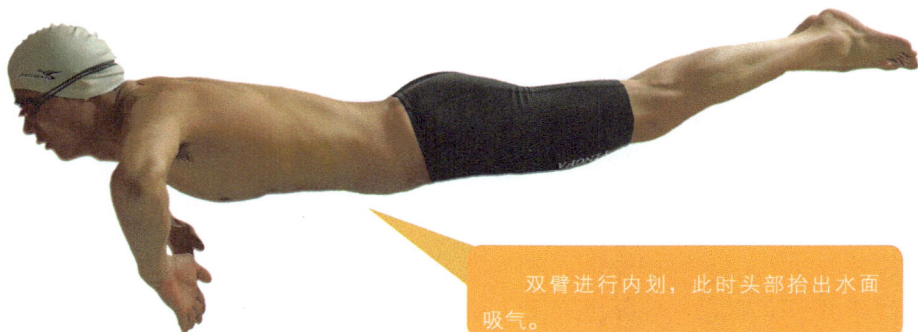

双臂进行内划，此时头部抬出水面吸气。

5

完成内划后，双臂进入上划阶段，注意推水动作，此时头部随势下降。

6

7

完成上划动作后，提臂出水，在空中完成移臂，头部再次浸入水中。

8

9

10

11

12

教练指导

蝶泳一般以 2：1：1 的形式进行配合，即打腿 2 次，划水 1 次，呼吸 1 次。在配合呼吸方面，也因人而异，有些人采取做 2～3 次划水后再呼吸 1 次的方式。当然，在蝶泳比赛中运动员也会因为距离的关系调整呼吸与身体之间的配合，如短距离比赛，运动员会减少呼吸次数，使动作更加快速和连贯。在长距离比赛中，运动员会根据个人的身体素质和肺活量采取多次动作配合 1 次呼吸或 1 次动作配合 1 次呼吸的方式，以保证供氧的充足，让身体能够有足够的动量进行全身的动作。

⑧ 蝶泳的系统练习

在学习和掌握了蝶泳的技术动作后，就要开始进行实质的蝶泳训练科目，通过针对性训练逐步体会蝶泳在水中的动作，争取早日学会蝶泳姿势。

🏊 站立蝶泳腿部模拟练习

通过站立蝶泳腿部动作的练习，体会水中身体躯干波浪动作带动腿部打水的感觉。

📊 **级别**
此练习适合初级游泳练习者

🕐 **次数**
分 3~6 组进行练习，每组 20 次

注意

贴墙练习可以有效地帮助约束身体的波浪形动作，注意在提臀时，臀部贴向墙壁。

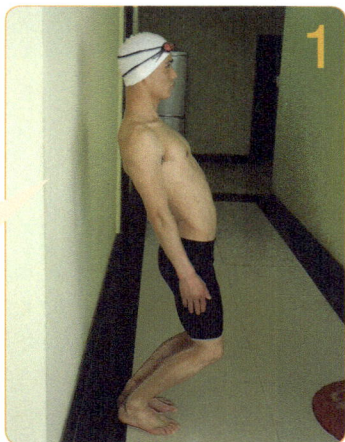

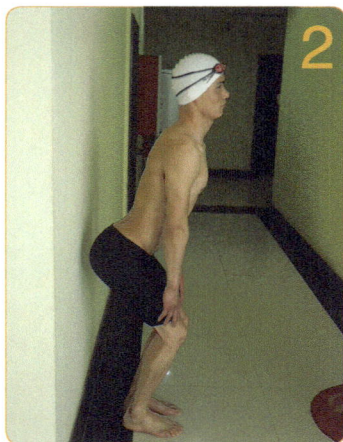

动作 1-2：做此练习时，身体竖直站立于墙边，臀部靠近墙，脚后跟靠近墙，按照挺腹、屈膝、提臀和伸膝的步骤进行连贯动作的练习。

🏊 垂直打水练习

在水中漂浮进行垂直打水训练可以有效地帮助初学者体会蝶泳时躯干带动打水速度和力量的感觉，通过训练逐渐提高对躯干的控制能力。

📊 **级别**
此练习适合初级游泳练习者

🕐 **运动量**
分 3~6 组进行练习，每组练习 1 分钟

注意

开始阶段如果无法正常地运用力量，可以佩戴脚蹼进行练习。

动作 1-2：做此练习时，双手抱住浮板直立漂浮于水中，运用躯干的力量带动腿部做打水动作，使头、肩浮出水面，身体向后退。

🌊 反蝶泳打水练习

在水面上以仰卧的姿态进行反蝶泳腿的练习可以更好地体会蝶泳躯干的波浪动作，熟练加深对身体的控制能力。

注意

注意动作的发力点在于髋关节而不是膝关节。膝关节随腿部动作自然弯曲，脚在向上打水时要露出水面。

动作 1-2：做此练习时，身体呈仰卧姿态，用脚蹬池壁，使身体平稳地漂浮于水面，将手臂放在身体两侧，利用腹部带动大腿和小腿进行上下鞭状打水练习，过程中头和手部可以轻微地起伏。

🌊 徒手水中打水练习

俯卧打水练习能巩固身体躯干的波浪动作，让身体打水的姿态更接近于真正蝶泳的状态。

注意

进行呼吸时，头部随身体起伏自然地露出水面。但不要抬头过高，破坏身体的姿势。

动作 1-2：做此练习时，用脚蹬池壁，使身体呈俯卧姿态向前滑行。将双手置于身体两侧，在身体尽量平稳地漂浮后，利用腰部发力带动大腿、小腿和脚部做波浪式打腿练习，打腿过程中配合呼吸，通过打水形成的身体波浪动作帮助头部浮出水面吸气。练习中保持打腿 4~6 次进行 1 次呼吸的节奏。

🌊 水中站立划水配合呼吸

通过在水中的划臂练习，初步掌握划水的路线，体会蝶泳划水动作时形成的阻力，在练习过程中配合呼吸，掌握手臂与呼吸的配合时机。

注意

在进行此项练习时，先以站立姿态进行。在动作熟练后，逐步加上向前迈步的动作。这样在划水时身体前进的姿态会让练习者体会划水产生推进力的感觉。

动作 1-7：做此动作时站立于水中，双臂同时进行蝶泳划水训练。在此过程中配合呼吸。以站立姿态循环做划水呼吸配合的练习。手臂与呼吸配合的时机是：1. 双臂入水；2. 双臂开始外划，头部浮出水面；3. 吸气，此时双臂在水下进行划水；4. 双臂出水，头部向下准备入水；5. 双臂在空中移臂，头部继续向下；6. 在双臂下一次入水时，头部再次进入水面；7. 随着下一次的外划，头部又逐渐升起。

注意

只适合浅水池练习。

🏊 蝶泳水中完整动作

通过观察蝶泳在水中完整的动作练习，深入体会手臂、肩部、头部、躯干、髋部、腿部和脚部的技术动作以及发生的变化，牢记蝶泳动作各个部分与呼吸之间的紧密配合。

水下完整动作

< 正面 >

< 背面 >

第6章
出发技术和转身技术

- 出发技术
- 转身技术

① 出发技术

出发是专门针对游泳比赛的技术。本节将主要讲解在比赛中常用的到几种出发动作。

出发是比赛的开始，在短距离比赛中，出发甚至决定整场比赛的胜负。根据官方的定义，出发指从发出信号开始，运动员的头部行进至离池边 15 米处之间所有的动作过程。

出发技术可以体现出一名运动员的心理素质的好坏。出发技术好的人也常用出色的出发战术扰乱对手的节奏。

🏊 出发台出发

出发台出发技术是当今游泳竞技比赛中使用较为广泛的技术。在各项比赛中，只有仰泳和混合泳不是在出发台开始的。

出发台出发技术最大的特点就是能通过出发者的蹬台动作给予较强的爆发力，且能帮助身体保持平衡。目前出发台出发的技术包括抓台式出发、蹲踞式出发和摆臂式出发（此出发方式多用于接力赛，因此会在接力出发中介绍）三种。

🏊 抓台式出发

抓台式出发是一种以双手抓住出发台前沿，利用双臂拉台稳定身体重心和给予起跳时的动量的出发技术。

<1 准备 >

示意图

1 在正式比赛中，听到裁判发令后，首先走上出发台。双脚分开与肩同宽，双脚脚趾勾住出发台的前沿，弯腰俯身，双手抓住出发台前沿，全身放松。

> **教练指导**
> 在真正游泳比赛中，一共有三声口令："Take your mark！ Get set！ Go！"意思是各就位，预备，开始。当喊到预备的时候，身体就应该重心前移，以便能够更快更有力地出发。注意利用手臂拉台保持身体的平衡。

<2 拉台 >

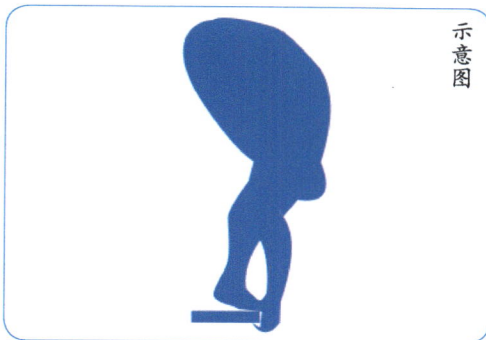

示意图

示意图

示意图

教练指导

应在听到出发信号后，立即做出拉台动作，整个动作快速连贯。对于心理素质不好的练习者在平时应进行听出发信号拉台的模拟训练。在训练中记住拉台动作的时机和节奏，以免在真正比赛中反应过慢影响出发的速度。

2 听到出发信号后，运动员应立即上拉手臂，使臀部和身体重心越过出发台前缘向前下方移动，此时应屈膝、屈髋。手随重心前移向前摆动。

<3 离台 >

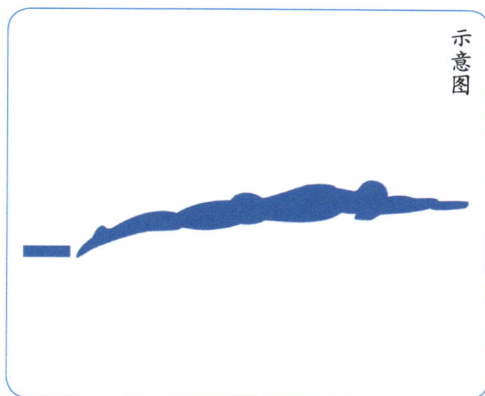

示意图

3 身体保持向前移动的态势，手臂迅速弯曲向上移动到下颌的下方。随着手臂的摆动，腿部伸直蹬离出发台。当脚部离开出发台后，手臂迅速向前向下伸直，头部也跟随手臂向下方移动。

教练指导

在脚部蹬离出发台时，尽量保证蹬离角（蹬离的腿部与出发台之间的夹角）在 40° ~ 50° 之间。

<4 腾空 >

示意图

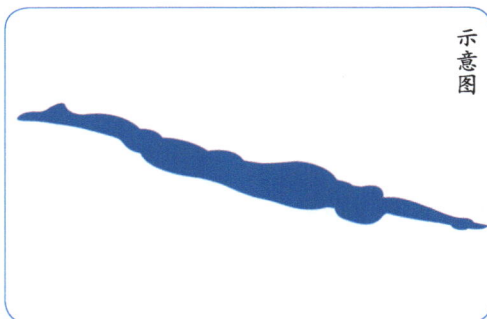

4 当身体离台后，使身体尽量保持舒展，将双脚并拢，双臂前摆至前下方，头夹于双臂之间，身体各部位保持紧张，准备以流线型的姿势入水。

教练指导

在空中形成弓腰的姿态，主要是可以让身体各部位以点入水，减小身体因为入水而形成的阻力。

<5 入水 >

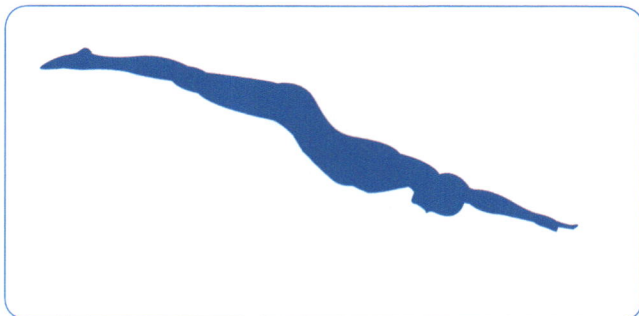

教练指导

入水时，必须保证身体的舒展，合拢手臂和双腿，以完美的流线型进入水中，尽最大的努力减小入水所形成的阻力。

5 腾空后，身体向前下方急速下降，双臂双腿伸展合拢，手部重叠，身体各部位依次由手部从入水点没入水中。

<6 滑行 >

6 当身体入水后，要继续使身体充分伸展，保持流线型滑行。通常在滑行速度接近游速的时候停止滑行动作。
在滑行结束后，准备出水。泳姿不同，出水的动作也不尽相同。

连贯动作

<7 出水、起游 >

运用抓台式出发入水滑行后，不同的泳姿出水和起游的动作结构是有区别的。

运用抓台式出发接蛙泳的动作表现为在入水后以流线型滑行一段时间后，做长划臂动作，其动作结构是以双臂向外向上划水，双臂距离大于肩宽时，屈肘以手掌抓水，然后保持高肘姿态向内、向后、向下划水至腹下，再将手臂外转向上，做向上、向外和向后的推水动作。划水结束后，身体保持流线型向前滑行，当滑行速度接近游速时，双腿做蹬夹腿动作帮助身体上浮，当头部上升到水面上的时候，以蛙泳动作游进。

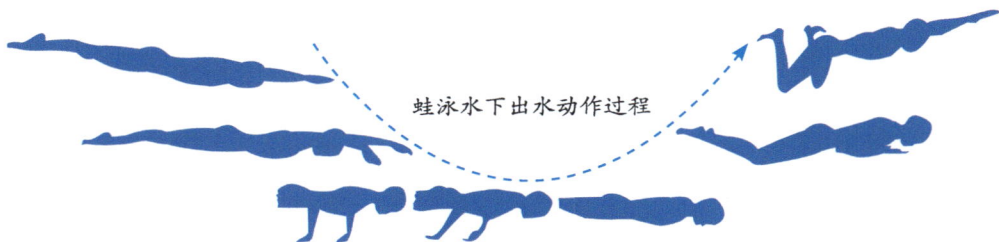

蛙泳水下出水动作过程

抓台式出发接自由泳的动作结构表现为，入水滑行后，身体位置较浅，滑行距离较短，快速地利用自由泳打水动作将身体升至水面开始以自由泳游进。如果海豚式打腿技术较好，可在滑行结束后做几次海豚式打水动作使身体快速上浮。

运用抓台式出发接蝶泳的动作结构表现为入水滑行后，快速做海豚式打腿动作使身体上浮，当身体接近水面时运用蝶泳动作游进。

🏊 蹲踞式出发

　　蹲踞式出发技术是将田径蹲踞起跑技术与抓台式出发技术进行的一种完美的结合。此项技术集合了两者的优点，能充分发挥运动员的爆发力，利用伸髋和蹬台形成较强的冲力，使运动员跃出得更快、更远。

<1 准备 >　　　　　　　　　　　　　　　　　　**<2 拉台 >**

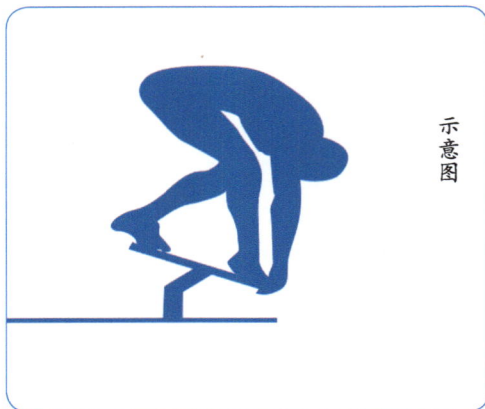

示意图

示意图

1　当听到第一声信号后，双手抓住出发台的前缘，一只脚在前，脚趾扣住前缘，另一只脚在出发台的后面，重心落于后脚上。

<3 离台 >

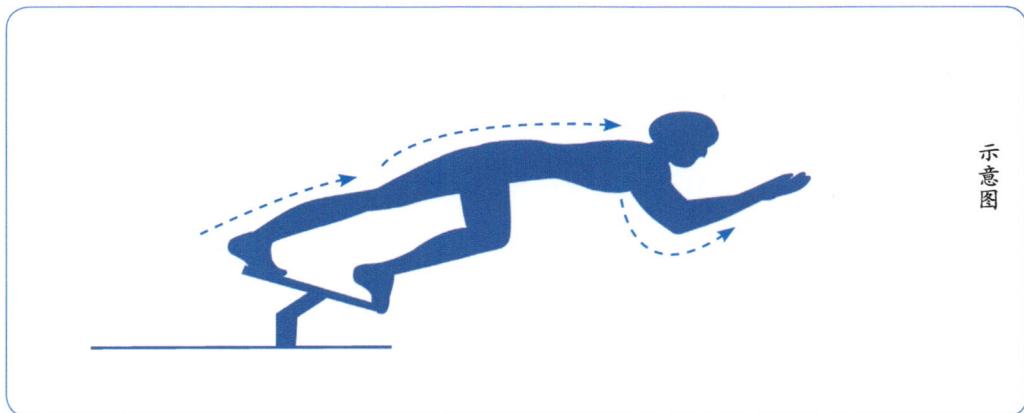

示意图

2　蹲踞式的拉台和离台动作相当连贯、快速。当听到出发信号时，手臂拉台带动身体向前下方移动，后面的脚先用力蹬离出发台，紧接着前脚也蹬离出发台，身体向前跃出的同时，手臂可以直接向前伸，也可以先向后再向前摆动增加身体的冲力。

<4 腾空 >

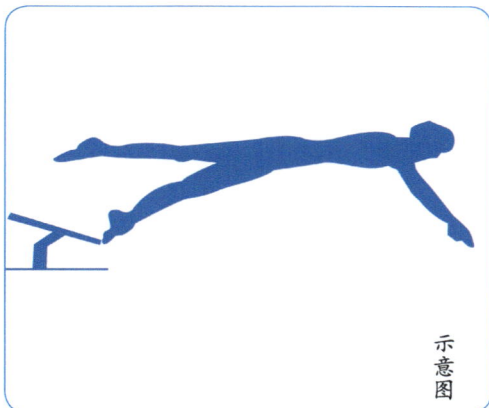

3

当蹬离台之后，身体呈弧线腾空飞行，尽量保证腾空的高度，在空中收腹提臀，以便形成洞式入水。

示意图

<5 入水、滑行和出水 >

蹲踞式的入水、滑行和接各种泳姿的出水动作基本与抓台式出发相同。

连贯动作

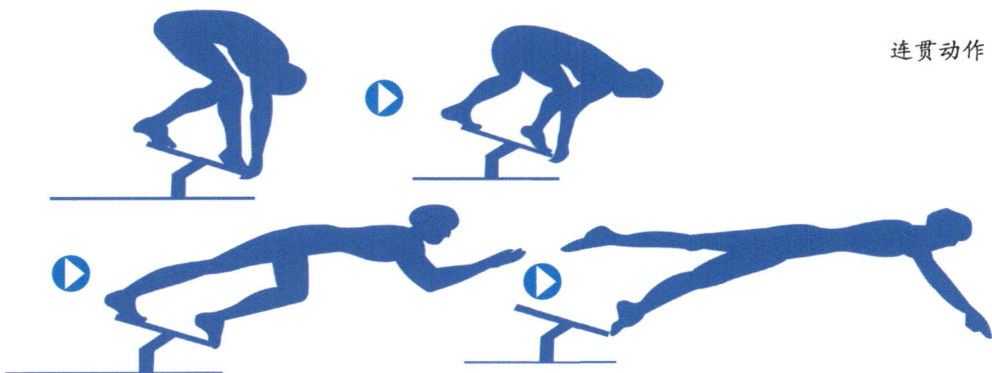

🏊 仰泳出发

　　仰泳的出发与其他泳姿均不同，是唯一在水中出发的比赛项目。其动作分为预备、蹬离、腾空与入水、滑行与出水几个阶段。

预备

示意图

示意图

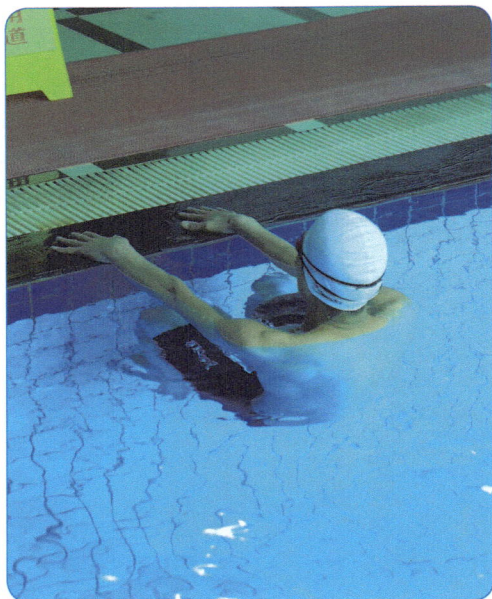

1 在裁判员发出第一声信号后，运动员入水，面对池壁，以双手紧握仰泳出发握手器。双腿膝盖弯曲，脚掌抵住池壁，但脚后跟与池壁分离，上半身大部分露出水面，臀部没入水中。
在裁判员发出第二声信号后，屈肘，手臂用力向上牵拉身体，头部向下且团身，运用全身的力量保证身体的稳定。

蹬离

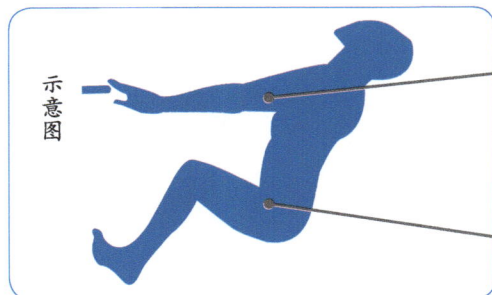

示意图

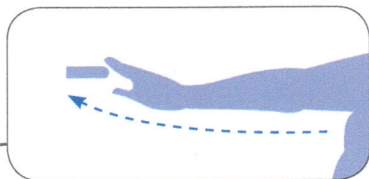

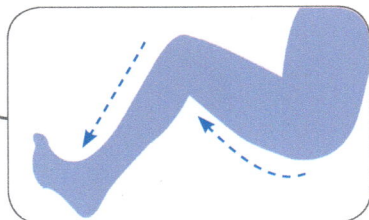

示意图

2

听到出发信号后，身体尽量拉高，头后仰吸气，借助双手用力推握手器，膝关节伸展将身体向后上方弹开。此时双手松开握手器由身前向头上方摆动。

腾空与入水

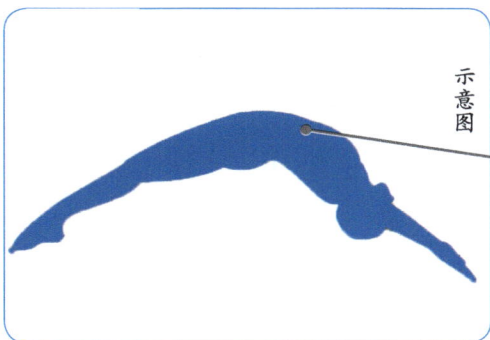

示意图

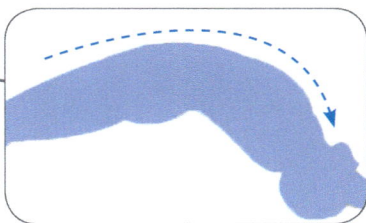

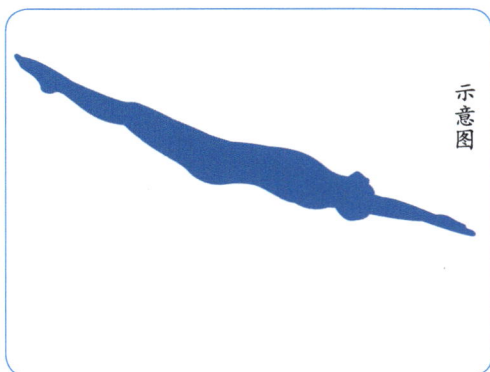

示意图

示意图

3 身体完全蹬离池壁后保持挺胸、仰头，这种姿态的特点是可以保持重心不过早下落。当双臂由侧面向前摆动超过肩的位置后，双臂带动肩部向下，臀部和腿部继续向上升，使身体呈反弓形以抛物线移动，当双臂摆至头部前方时，头部迅速夹于双臂中间，手臂和腿部充分伸展合拢，使身体以流线型入水。

入水后，调整臂、腿的方向，入水时手臂朝向下，入水后让手臂略向上，腿部向下沉，这样可以让向下运动的身体改为向前，此过程中动作幅度不要过大以避免破坏身体的流线型。在滑行速度接近游速的时候，迅速利用仰泳腿或海豚式打水将身体升至水面，当头部露出水面后，立即以仰泳动作游进。

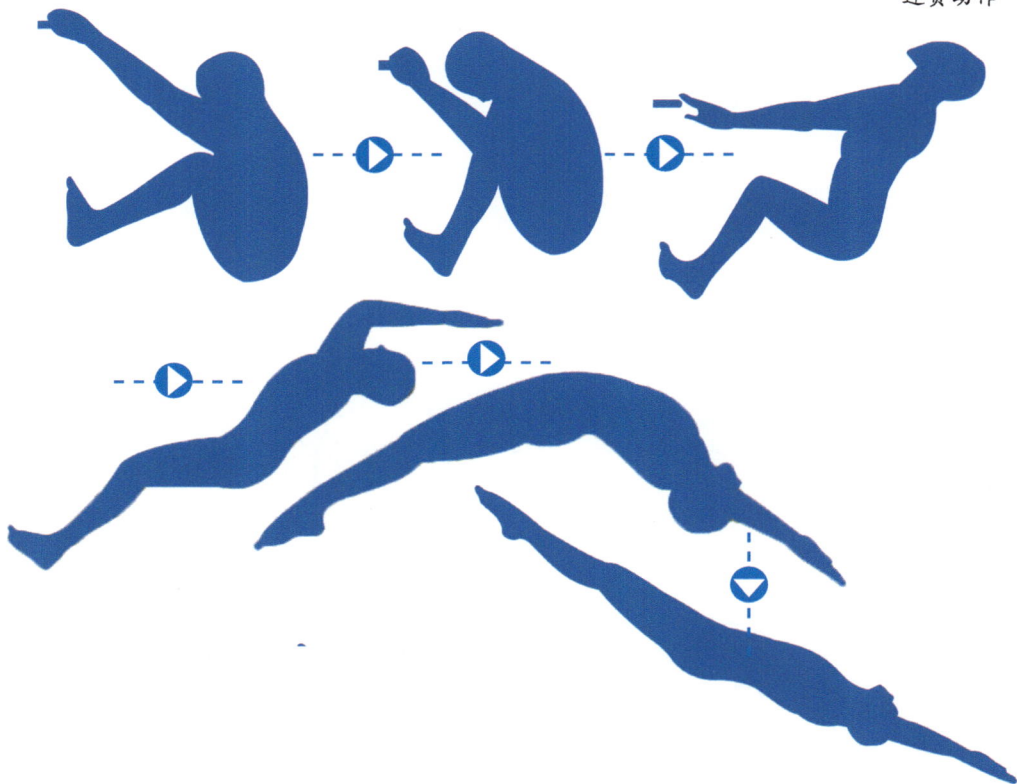

连贯动作

教练指导

仰泳的出发要做到像开弓射箭一样，把全身的力量聚集后，通过准确的技术动作快速爆发。
出发的比赛规则为出发后身体在水中做海豚式打腿滑行的距离不能超过 15 米，但现在很多运动员为了提高成绩，力求减少在水中的滑行时间，将身体快速浮出水面，其在水中滑行的距离控制在 10 米之内。

🌊 接力出发

在游泳接力比赛中，每组有四个人参加比赛。除第一棒的运动员采用水中出发或台上出发外，其他三棒运动员均为出发台出发。为了提高交接棒速度和观看水中队友的游进情况，运动员普遍采用摆臂式出发技术来提高成绩。摆臂式出发技术具有蹬离力量大、腾空时间长的特点。其动作过程分为准备、摆臂离台、腾空、入水和起游几个阶段。

准备

接力队员在准备阶段，将双脚分开站立于出发台上，脚趾勾住出发台前沿，通过观察水中队友的游进速度，在心中判断该名队友触壁的时间。

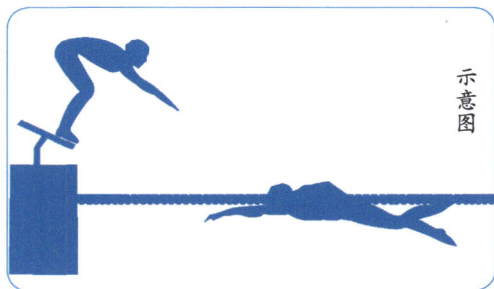
示意图

摆臂离台

当判断前一名队友即将触壁之前，手臂向后上方呈圆形轨迹摆动，膝盖弯曲，将身体重心前移。脚离开出发台的顺序是脚后跟先离台，然后随身体前移，利用腿部蹬伸，在前一名运动员触壁的同一时间，脚尖离台向空中跃出。

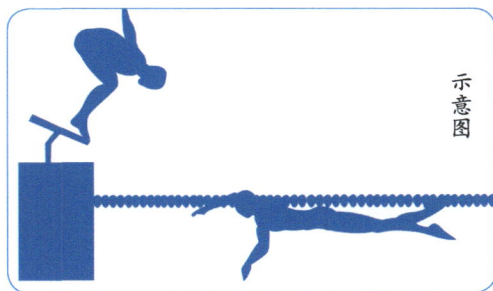
示意图

腾空、入水与起游

摆臂式出发的腾空、入水与起游动作都与抓台式出发相似。只是需要注意动作的配合时机，提前预判交接棒运动员触碰池壁的时间，提前充分地摆臂可增加腾空高度，有效地提高出发距离。

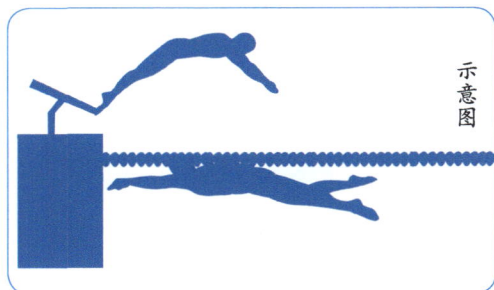
示意图

教练指导

接力出发技术需要运动员有较好的判断能力和熟练的配合，尤其是脚部离台的时机，需要有敏锐的观察力和判断力，还要保证技术娴熟，能够自如地控制身体动作，这样才能做到前一棒队友在触壁的同时脚部完全离台，以最快的速度交接棒游进。

② 转身技术

转身技术是指运动员在进行长距离竞赛时，由于泳池的长度有限，因此在游至泳池尽头处进行折返，翻转身体变换游向的技术。在短池比赛中，转身技术可应用于每一项比赛中，是非常重要的技术。

蛙泳的转身技巧

蛙泳比赛中，运动员通常是在接触池壁后运用摆动式动作进行转身。

接近池壁

运动员在蛙泳游进至池壁之前，判断好自身与池壁的距离，根据手臂划水的频率尽量使双臂在下一次移臂后触碰池壁。接近池壁之前不要降低自身游进速度，利用冲力获得转动的动量。

示意图

转身

注意在触壁的瞬间，脸部朝向一侧。以朝向左侧为例，右手借助向前的动势略微弯曲接触池壁，右臂在水下向后伸，身体逐渐贴近池壁，两腿收紧。

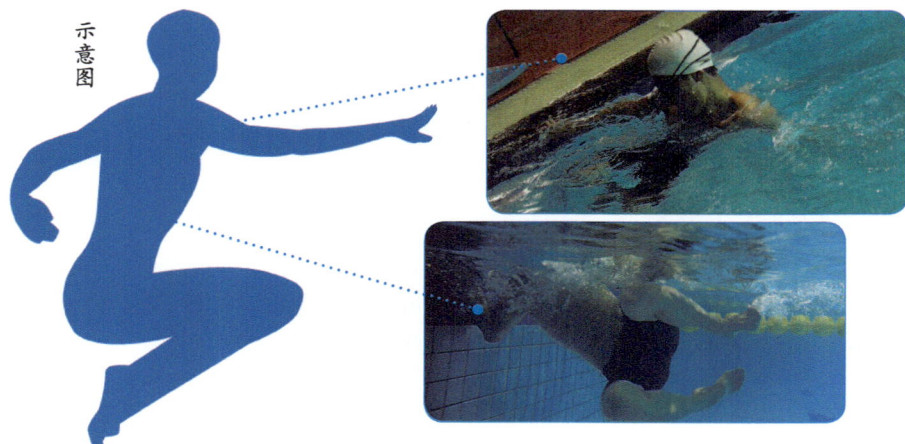

示意图

借由右手用力推池壁将上体弹出，此时身体随惯性摆向池壁。身体弹出后，左臂与头部向反方向摆动，让上半身再次入水后，双手手掌交叠，此时双脚接触池壁。

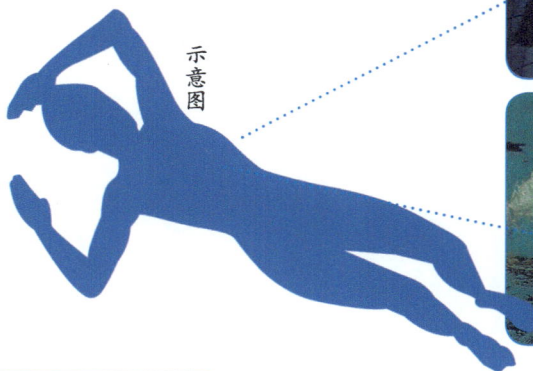

示意图

蹬离、滑行与出水

当身体完全没入水中后，身体呈侧卧姿态。双脚立即用力蹬踏池壁，此时身体尽量伸展，呈流线型侧卧滑出。

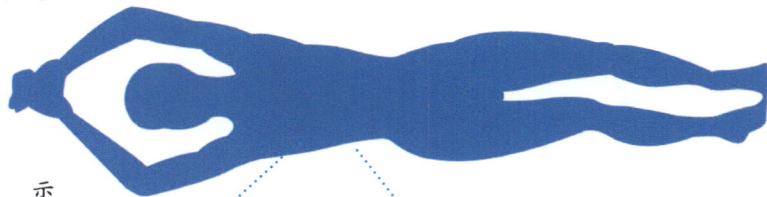

示意图

示意图

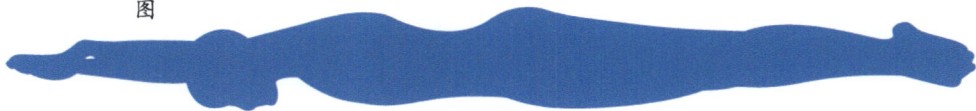

在滑行过程中身体逐渐翻转调整为俯卧姿态，当滑行速度接近游进速度时，立即在水下做长划臂动作出水。

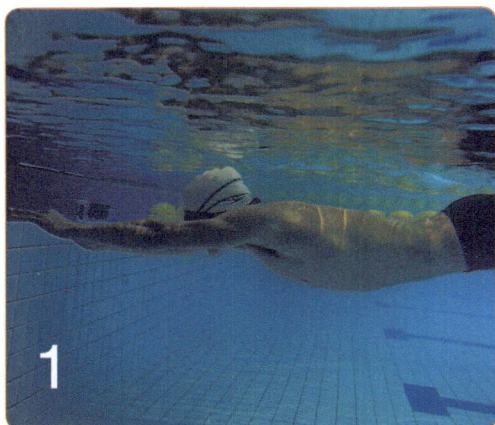

🏊 自由泳的转身技巧

自由泳比赛转身技术的规定是可以用身体任何部位触碰池壁，因此比赛中选手普遍选用翻滚式动作进行转身。

接近池壁

当运动员游进至离池壁 5 米处时，全身应开始紧张起来准备做转身动作。注意不要减速，在距离池壁 1.7~2 米处完成最后一次划水动作，进入转身阶段。

示意图

翻滚转身

在完成最后一次划水后，将手臂置于身体两侧，低头团身，双腿做海豚式打腿动作帮助身体翻滚。翻滚过程中双臂逐渐伸向头部前方。翻滚后身体略侧转。

示意图

翻滚后，双脚触碰池壁，不做停留立即用力蹬踏将身体弹出，此时身体仰卧略向一侧倾斜，在滑行过程中逐渐调整转动身体，直至身体呈俯卧姿态。滑行过程中双臂、双腿尽量伸展，使身体呈流线型。

在滑行速度接近正常游进速度时，做海豚式打腿帮助身体上浮，当身体接近水面后，开始划水以自由泳动作继续游进。

教练指导

自由泳翻滚注重转身的速度。初学身者练习转身动作时由于转身速度慢会导致鼻孔吸水。想要提高转身的速度就要注意以下几项：保持高速的转身前游泳速度以获得足够的前冲力；转身前的海豚式打腿要充分一些；锻炼自身柔韧性让动作保持流畅协调。

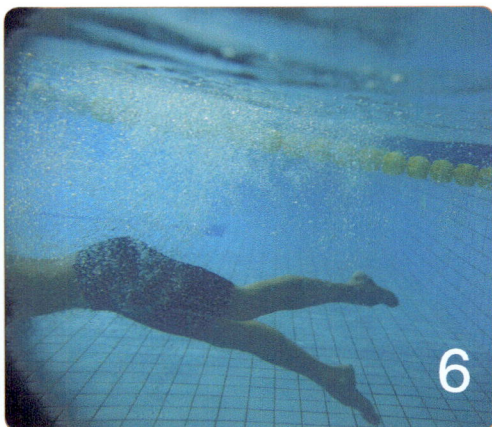

🏊 仰泳的转身技巧

在仰泳的竞赛中，转身的规则是身体的任何部位都可以触碰池壁，因此在如今的比赛中，选手普遍采用翻滚式转身技术增加转身的速度。

接近池壁

仰泳在接触池壁时，要通过左右的身体转动，查看自己距池壁的距离，在判断还有两次划水距离后，就开始进行转身动作。

示意图

在进入第一次划水过程的一半的时候，身体向划臂一侧转动，另一手臂出水做高肘移臂，身体转成俯卧姿态。

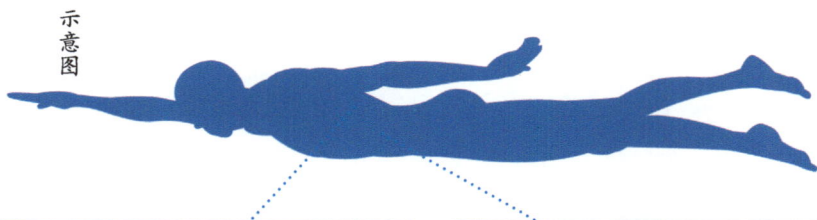

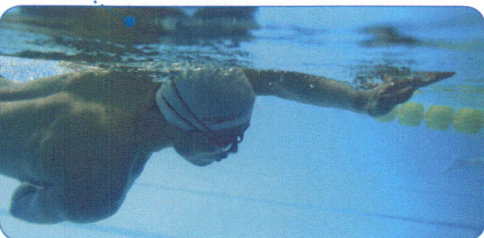

示意图

转身

转成俯卧姿态后转身和翻滚动作与自由泳的转身动作基本相同，区别在于仰泳转身后继续保持仰卧姿态。

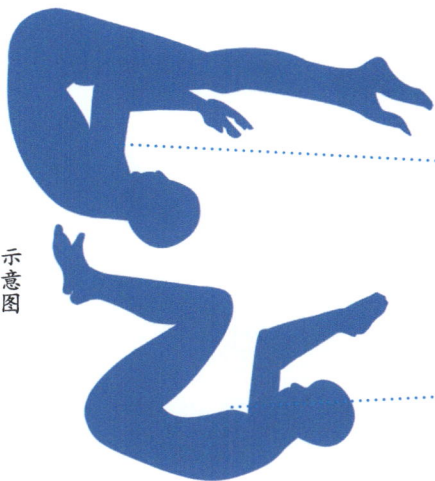

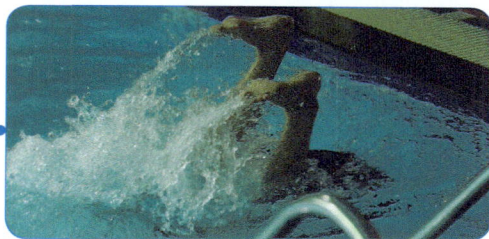

示意图

蹬离、滑行与起游

当身体转身后，头部朝向相反的方向，双脚蹬踏泳池，使身体略向下蹬离避免水面的波浪和湍流以做到不产生多余的阻力。手臂和腿部尽量伸展使身体呈流线型向前滑行。短暂的滑行过后，利用海豚式打腿和划水动作将身体升至水面。当头露出水面后，立即以正常的比赛频率进行仰泳动作。

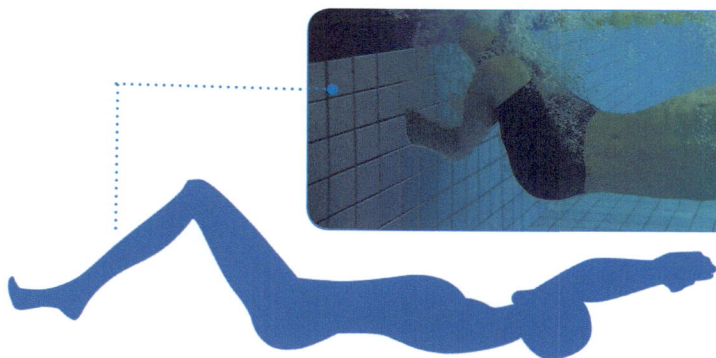
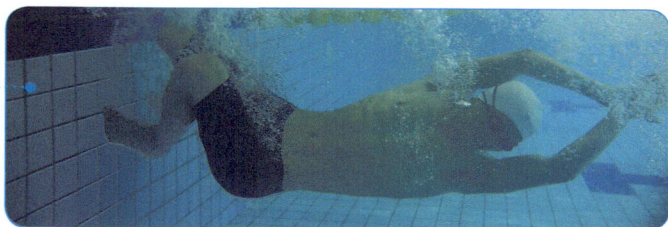

示意图

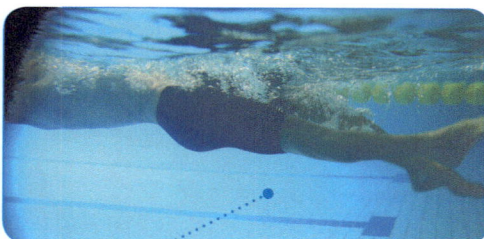

示意图

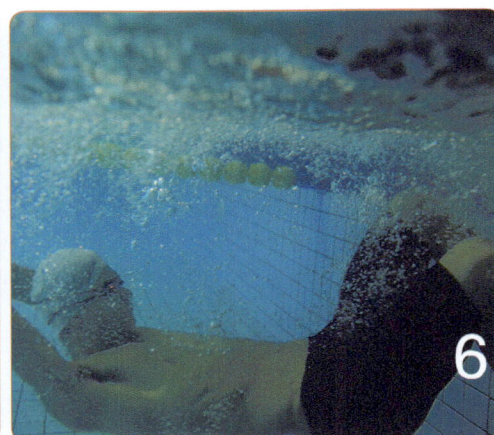

🏊 蝶泳转身技巧

运动员在进行蝶泳时，接近池壁后通常采取摆动式动作加以转身。

接近池壁

运动员在蝶泳游进至池壁之前，应对自身与池壁的距离和自身手臂划水的频率有一个判断，尽量使双臂在移臂后触碰池壁。接近池壁之前不要降低自身游进速度，利用冲力获得转动的动力。

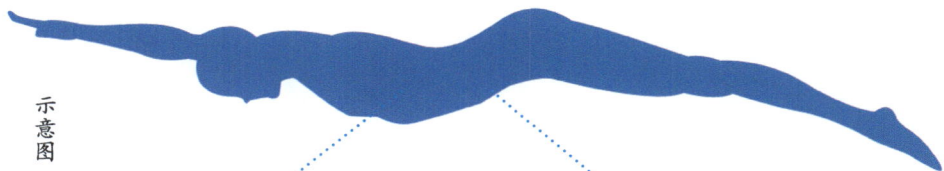

示意图

转身

蝶泳的转身动作与蛙泳基本相同。在触壁的瞬间，脸部朝向一侧。以朝向左侧为例，右手略弯触壁，左臂在水下向后伸，身体逐渐贴近池壁。

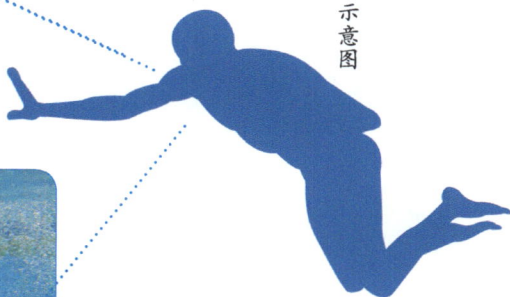

示意图

右手用力推池壁将上体弹出向水中摆动，此时腿部随惯性摆向池壁。身体弹出后，左臂与头部向反方向摆动，直至身体入水。双手手掌逐渐靠拢直至交叠，此时双脚接触池壁。

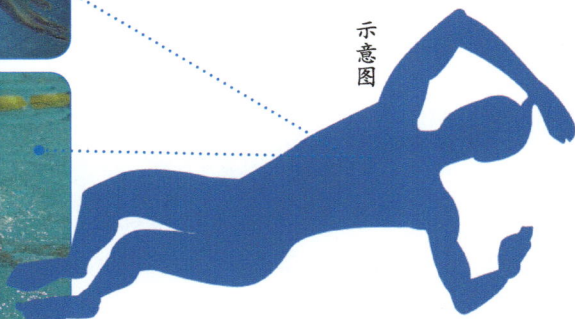

示意图

蹬离、滑行和出水

当身体完全没入水中后，身体呈侧卧姿态。双脚蹬离池壁，身体尽量伸展，呈流线型侧卧滑出。

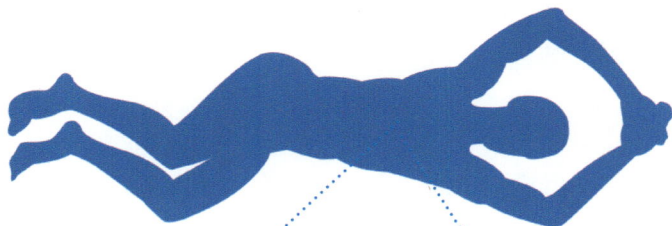

示意图

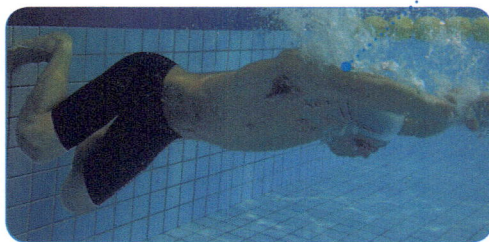

示意图

示意图

身体蹬离池壁呈侧卧流线型向前滑动时，逐渐利用海豚式打腿动作帮助身体转动和升级，直到身体呈俯卧姿态且接近水面后，转成正常的蝶泳动作向前游进。

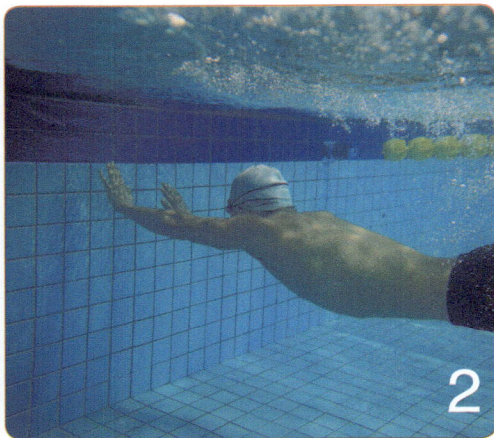

第 7 章
泳池外的训练

🏊 游泳中主要运用的肌肉部位　　🏊 无水肌肉训练

① 游泳中主要运用的肌肉部位

无水训练主要是锻炼在游泳中全身上下主要运用的肌肉部位，通过提高这些肌肉部位的力量和柔韧性，来间接地提高游泳技术。那么人体在游泳运动中都运用了哪些肌肉部位呢？

下图展示的就是在游泳运动中，在划水和打水的过程中运用到的重要的肌肉部位。

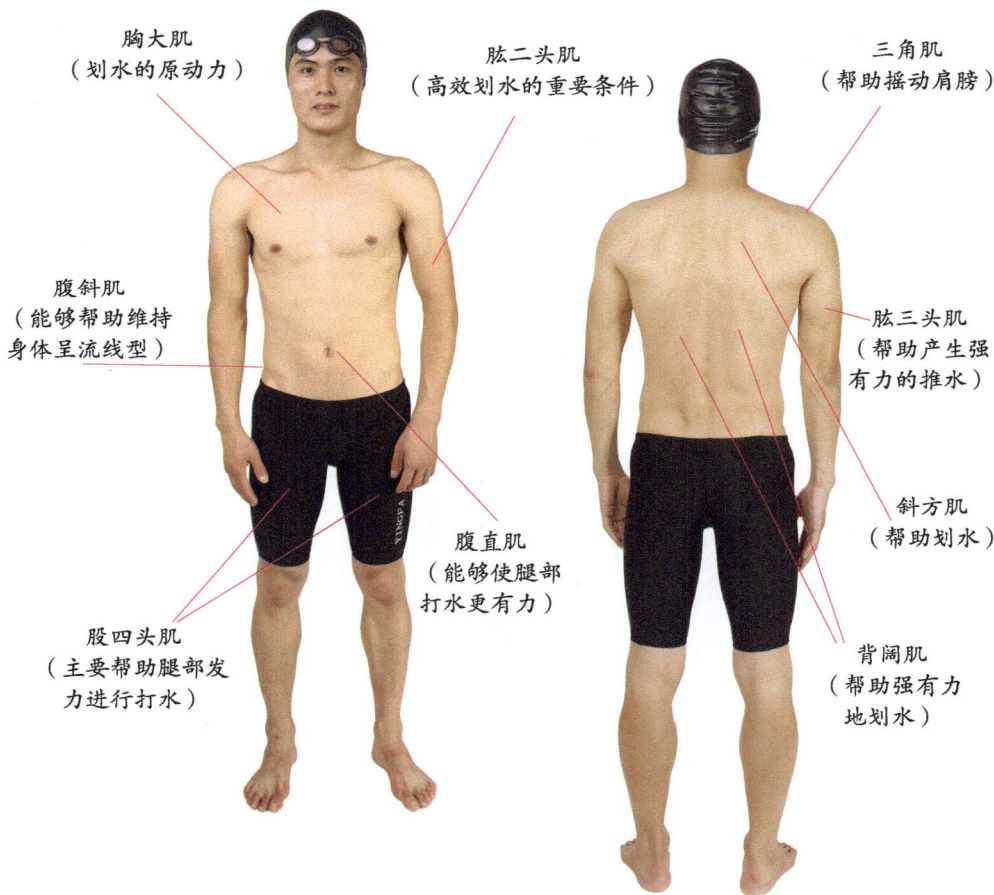

胸大肌
（划水的原动力）

肱二头肌
（高效划水的重要条件）

三角肌
（帮助摇动肩膀）

腹斜肌
（能够帮助维持
身体呈流线型）

肱三头肌
（帮助产生强
有力的推水）

斜方肌
（帮助划水）

腹直肌
（能够使腿部
打水更有力）

股四头肌
（主要帮助腿部发
力进行打水）

背阔肌
（帮助强有力
地划水）

② 无水肌肉训练

游泳的训练不光是在水中进行，在陆地同样也能进行提高游泳技术的相关训练。接下来讲解几种比较方便的针对上述肌肉部位的锻炼方法。

🏊 利用弹力带锻炼大腿前后肌肉

利用弹力带的阻力锻炼大腿前后的肌肉，掌握强有力的打腿动作。

动作1-2：将弹力带的一端绑在一个固定物体上，另一端绑在右腿脚踝上，通过打腿用力带动右脚向前拉，然后返回原来的位置。

教练指点

此项锻炼主要针对的就是大腿后侧的股二头肌和前侧的股四头肌。这两处的肌肉都是产生强有力的打水的关键。

动作3-4：当右侧的腿部肌肉练习完成后，身体向后转，将弹力带绑在左腿脚踝上，右脚支撑，左腿向后拉，然后返回原来的位置。

教练指点

利用弹力带练习大腿肌肉时要注意，向前拉和向后拉动之后，不要任由弹力带将腿带回，要有控制地将腿返回原来的位置，不然训练效果会大打折扣。拉动和返回动作的速度之比大约为1：2。

⚡ 提举哑铃锻炼肱二头肌

　　提举哑铃是锻炼肱二头肌最为直接有效的方法，但运动量需要合理，不要因为肌肉过度疲劳而造成游泳时的状态下降。

动作 1-2：做此练习时，身体直立，选择 10 千克的哑铃，单手紧握一个哑铃，双手均垂在身体两侧。手握哑铃，手臂肌肉用力，使肱二头肌带动前臂，向上提起，肘部弯曲；将哑铃抬起至肩部后，缓慢放下哑铃，恢复起始姿势。

教练指点

提举哑铃的训练要适度，需严格地按照预定次数进行，这项练习不在于能一下做多少次，而是重在坚持不懈，每天都要达到规定次数，这样再搭配上合理的膳食，在 1~2 个月内就会看到被锻炼的肱二头肌有明显隆起，越来越强壮。

动作 3-4：将紧握哑铃的手部置于脑后，拳眼朝向下方。练习时通过肱二头肌带动前臂，肘部伸展，将哑铃提拉向上，然后肘部弯曲以相同的速度紧握哑铃向下，以此锻炼肱二头肌。

平举哑铃锻炼三角肌

利用平举哑铃的动作可有效直接地锻炼和刺激三角肌，让其变得更加强壮，让自身在游泳时能够流畅地进行划水动作。

锻炼位置

三角肌

级别
此练习适合初、中、高级游泳练习者

次数
分3组进行练习，每组15~20次

教练指点

手握哑铃做前平举动作能够有效地锻炼三角肌前束，可有效地改善划水动作。侧平举的动作则有效地锻炼了三角肌中束和偏后的位置，可直接增加移手臂动作的流畅性。

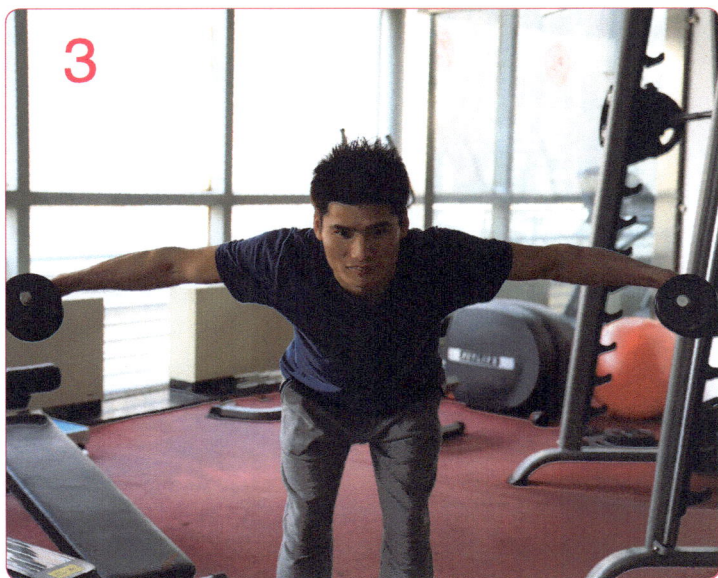

动作1-2：身体站直，单手握哑铃，手臂用力将哑铃向前平举至肩部的高度，注意整个上抬的过程不要屈臂，在上方稍停一小段时间后，紧握哑铃慢慢向下恢复起始姿势。一侧完成练习后，双手互换训练。

动作3：身体前屈，双手各握一个哑铃向两侧平举，举到肩的位置后再慢慢下降。

🏊 利用小哑铃锻炼手腕

手腕的灵活可以让手掌在抓水的时候更为充分和有效。利用小哑铃做上下翻腕的训练是让手腕能够灵活有力的最有效的方法。

锻炼位置
手腕

级别
此练习适合初、中、高级游泳练习者

次数
左右手分 3 组练习，每组 10 次

动作 1-2：锻炼手腕的时候，身体直立，先以左手握住哑铃，手臂前伸平举，手心向下，然后向下转动手腕。

教练指点

在进行此项训练时，如果手腕力量不足或没有运动基础的练习者可先选用较轻的物体，例如矿泉水瓶和塑料棒等，待手腕逐渐灵活和更加有力后再选取小号的哑铃加以练习。

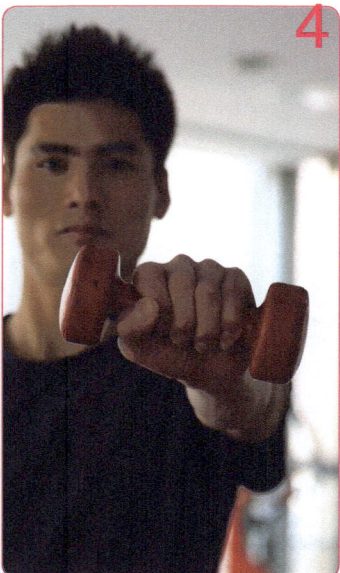

动作 3-4：向下转动之后，手握哑铃恢复水平姿态，向上转动手腕，一次向下一次向上为一个完整训练。

🏊 腹式呼吸

腹部呼吸的方式对于游泳运动有很重要的贡献，其本质就是能够吸进较多的空气，并能让呼气的时间增长。熟练地掌握腹式呼吸是游泳运动的关键。

锻炼位置

腹部

级别
此练习适合初、中、高级游泳练习者

次数
分3组进行练习，每组10次

练习时将身体平卧于地面，双腿屈膝，吸一大口气，让腹部鼓起，憋一小会儿气之后，逐渐让腹部凹陷，从鼻子慢慢将气吐出。

教练指点

腹式呼吸与胸式呼吸最大的区别就是前者能够保持较长的吐气时间，因此腹式呼吸更为适合在游泳中运用。在练习中逐渐将吐气的时间增长。熟练掌握腹式呼吸是高效游泳的保障，此外腹式呼吸的训练能够锻炼腹肌和深层肌肉。

🏊 腹肌的锻炼

强壮柔韧的腹部肌肉是维持身体在水中保持流线型的重要部位，腹肌的锻炼能够帮助身体在游进中稳定身形。仰卧起坐是锻炼腹肌的最简单直接的方法了。

锻炼位置

腹部肌肉

级别
此练习适合初、中、高级游泳练习者

次数
分3组进行练习，每组20次

做此练习时，身体平卧于地面，双腿屈膝，最好有人帮助按压进行辅助，双手屈肘置于身体两侧，利用腹部力量抬起身体，尽量将头部靠近支起的腿部。

教练指点

做仰卧起坐训练时，身体素质差或没有基础的人做到规定次数很难。千万不要强求，起初锻炼可以减少次数，贵在坚持，循序渐进逐渐增加练习次数。另外不要刻意追求动作的速度，应该一下一下地做，争取每次动作都做到位。

🏊 肩关节伸展

　　利用弹力绳伸展肩关节，可增大肩部的活动范围，这样能使身体在游进过程中大幅度地划水，以获取更大的推进力。

锻炼位置

肩关节

级别
此练习适合初、中、高级游泳练习者

次数
左右各做2~3次练习，每次坚持10秒

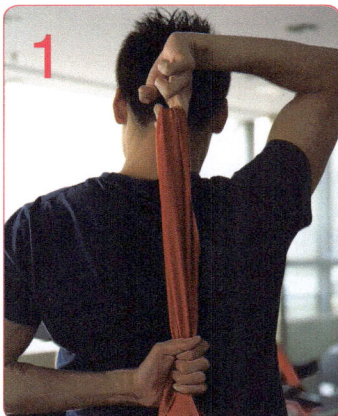

教练指点

在练习过程中，肩关节的灵活性会逐渐改善，尝试撤去弹力绳以双手直接相握，这样才能让身体在游进时保证身体和肌肉的平衡。有效地肩关节灵活锻炼不但能促进高效划水，还能提高游泳耐力。

动作1-2：做此练习时，一只手在背后抓住弹力绳的下端，另一只手由肩部绕向背后抓住弹力绳的上端，双手通过用力伸拉弹力绳来锻炼肩关节的灵活性。

🏊 卧推哑铃锻炼胸大肌

　　通过卧推哑铃可直接有效地锻炼胸大肌的力量，逐步增强游泳划水的原动力。此动作在主要锻炼胸大肌之余，还能帮助锻炼三角肌与肱三头肌部位。

锻炼位置

胸大肌

级别
此练习适合初、中、高级游泳练习者

次数
分3组进行练习，每组15~20次

动作1-2：首先将身体平卧在长凳或健身台上，双腿屈膝，脚部触底。双手平举哑铃在身体两侧，拳眼相对，利用上臂发力带动前臂向上平推哑铃，举至双臂伸直坚持一段时间后，再慢慢回落，注意向下的过程中，手腕和举哑铃的手势保持不变。

🏊 利用弹力绳锻炼三角肌

借助弹力绳进行手臂拉伸练习可以使三角肌更加强壮，让自身在游泳时，划水的移臂动作更为流畅和有力。

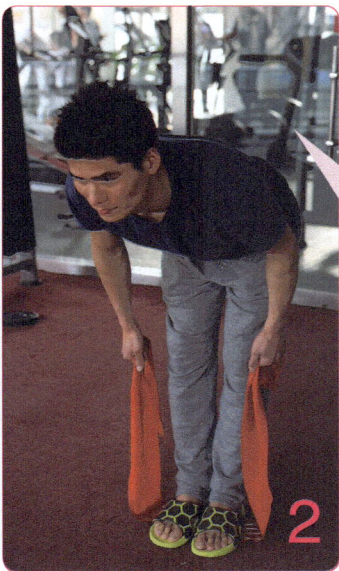

教练指点

在进行练习的时候，一定要控制手臂上抬的高度，上抬高度超过肩部可能会造成肩部疼痛。

由于三角肌与斜方肌密切相关，所以此动作在锻炼三角肌之余，对遍布颈部、肩部与后背的斜方肌也有较好的锻炼效果。

动作1-4：做此练习时，先用双手将弹力绳的两端抓住，双脚站立踩住弹力绳的中部。弯腰，抬头，面向前方，双手紧握弹力绳向上提拉，直至肩的高度，稍停片刻后，再以与拉伸时同等的速度将双手放下，循环进行练习。

🏊 借由弹力绳锻炼手臂

此练习可充分利用弹力绳的弹力，模拟水中的划水训练，可有效地锻炼在划水过程中主要运用的肱二头肌和肱三头肌。

级别
此练习适合初、中、高级游泳练习者

次数
分3组进行练习，每组10次

动作1-2：做此练习时，将弹力绳的一头绑在稳定的物体上，另一头绑在手上。弯腰，将未绑绳的手臂前伸，绑绳的手臂向后拉，一直拉到最大距离。

教练指点

利用弹力绳练习可以安全地锻炼肌肉，保证其不受损伤。在练习中手臂不要出现内外摆动的情况，要有压水的意识用手臂伸直前后移动，注意前伸和后拉的过程保持速度的一致，练习完一侧后继续锻炼另一侧的手臂。

动作3-4：保持另一侧手臂前伸，绑绳的手臂向前方伸回，直到绑绳手与前伸的手部齐平。

🏊 腹直肌的锻炼

此练习可有效地锻炼腹直肌下部肌肉，此处肌肉的强化可增加打腿的力度，增加腿部打水形成的推进力。

锻炼位置 ➤

腹直肌下部

级别
此练习适合初、中、高级游泳练习者

次数
分3组进行练习，每组10次

动作1：做此练习时，首先将身体平卧于地面，双手置于身体两侧，全身自然放松。

动作2：腿部并拢逐渐抬离地面，抬离过程中，头和肩可向上用力帮助腿部向上。此过程中保持均匀呼吸。

动作3：腿部继续上抬，直至腿部与躯干形成90°的夹角停止，腿部抬起过程中一直保持伸直，腿部在最高点静待10秒，然后再缓缓落下恢复起始姿势。

教练指点

停顿的动作非常关键，是最有效、直接地形成锻炼效果的阶段。没有运动基础的人可能无法停顿足够的时间，此时可根据身体情况减少停顿时间，避免强行停顿造成肌肉受伤。

🏊 胸部肌肉的锻炼

通过转动肩部的方法锻炼胸部肌肉，提高划水时的原动力，增加划水速度。

锻炼位置
胸部

级别
此练习适合初、中、高级游泳练习者

次数
分3组进行练习，每组10次

动作1-2：做此练习时，身体直立，将双臂屈肘呈90°，两肘在胸前尽量靠拢，然后使双臂在胸前分开，直到双臂在身体两侧与躯干形成一个平面。停顿一段时间后，将双臂拉回胸前，并尽量并拢。

动作3-4：做完基础训练后可增加锻炼的强度，如屈肘大于90°，但不要过大，做同样的分开和合拢的动作会增大锻炼的胸部肌肉范围。

教练指点

在做此练习时，手掌一直保持向内侧。此练习主要锻炼的是胸部肌肉，还能连带锻炼肩部和手臂的肌肉。

第 8 章
水上救生

① 造成溺水的原因

对于不懂水性的人和游泳初学者，水是较为危险的。一旦入水后因为无法正常呼吸导致溺水，就会对生命形成威胁。那么不懂得水性的人与初学者溺水的原因有哪些呢？

〰 心理原因

怕水的心理永远都是带给初学者学习困难的罪魁祸首。对于初学游泳的人或落水的人来说，怕水的心理就像一座大山。溺水与怕水心理像是恶性循环，一旦第一次在水中因憋气不当呛水或喝水，就会产生怕水心理，在下一次入水时就会因怕水而使身体紧绷，无法放松自然地做水中的动作，所以后果可想而知了，尤其是对于曾经经历过溺水的人来说，想要克服怕水心理是十分不容易的。

克服怕水心理的办法就是在有教练的陪同下，在水中多做走步、跳起、原地憋气等动作，慢慢让身体适应水。对于容易在水中呛水的学习者来说要在陆地进行模拟练习，当技术熟练后再进入水中尝试憋气、漂浮等动作。练习时最好能够深刻地理解流体力学和水的特性等相关知识，这样可以有效地帮助练习者克服怕水的心理。

〰 生理原因

生理原因包括：自身在游泳时突然体力不支；肢体运动跟不上节奏；泳前饱食影响身体运动；空腹游泳无法给予身体足够的力量；酒后游泳造成神经系统不协调等。

要避免这些溺水情况就要做到清楚地了解自己的身体能力，不进行长距离游泳或过度消耗，饮食合理，不酒后游泳。

〰 病理原因

慢性病患者可以在医生的指导下进行游泳运动。切忌在无人看护或无医生指导下参与游泳运动。心脏病患者平时没有什么不良感觉，但一下水容易因受到冷水的刺激，或因游泳运动量过大心脏一时不能适应发病而可能发生溺水。患有心血管疾病、癫痫的病人也很容易在入水后导致病发造成溺水事故。

建议患有慢性病的人听从医生的建议来进行合理的运动。

〰 技术原因

游泳初学者因为刚刚进行游泳动作的练习，技术掌握得还不是很好，所以一旦在水中发生问题会手忙脚乱，导致呛水而造成溺水。

为预防溺水事故发生，平时应通过陆地上和半陆半水的练习正确地掌握游泳技术，做到呼吸自如，游进时身体自然放松。一旦发生呛水，要保持镇定和冷静的心态，用踩水的方法调整身体姿态，排除呛水后立即上岸休息。

🌊 其他原因

除以上几种造成溺水的内在原因之外，还有一些外在原因会造成溺水事故，例如游泳场所的设施有安全隐患。游泳者需要保持强烈的自我保护意识。

② 容易发生溺水事故的情况

了解容易发生溺水事故的情况，做好溺水事故的预防工作。

🌊 在非游泳区游泳

很多对自身游泳技术非常自信的人会想要在非游泳区游泳，但是如果对水中的情况并不熟悉即使技术不错也可能会发生溺水事故。非游泳区的水中情况比较复杂，可能有礁石、急流、旋涡、水草以及其他障碍物，这些都可能对游泳者形成伤害导致溺水，所以尽量不要在非游泳区游泳。

🌊 意外落水

当人在水边或船边活动时，由于不小心踩滑，或外力等原因失足落入水中。

🌊 危险跳水

很多年轻的爱好者常常想进行高难度的挑战动作，例如跳水。这样做是非常危险的，假如在浅水区或深度不够的水域进行跳水，往往会使头部碰撞池底，造成溺水。

🌊 抽筋导致溺水

如果存在在游泳前没有做好热身活动，或者身体过度疲劳、出汗后马上下水、水温过低、动作过分紧等情况，容易出现在游进时手指、前臂、脚趾、小腿和大腿等部位发生抽筋的问题。如果不能较好地处理，就会发生溺水事故。

🌊 逞强进行长距离游泳

部分游泳爱好者喜欢挑战极限，为探查自己的能力极限进行长距离游泳。虽然可以理解，但是这样容易发生溺水事故。例如，本来自己只能游 1000 米，而非要横渡 1500 米的水域，难免由于体力不支发生溺水事故。所以遇到这种情况时，正确的做法是立刻上岸，并尽早呼救。

🌊 浮具意外破裂

有些不懂水性的人或是初学者喜欢佩戴游泳圈、救生衣等浮具下水戏耍，但是浮具一旦因为某种原因破裂后，便不能再为身体带来支撑的浮力，导致溺水事故的发生。所以一定要选取优质的浮具佩戴下水，若不幸发生事故要及早呼救。

③ 实用游泳基本救生技术

实用游泳基本救生技术是区别于竞赛泳姿外的游泳技术，包括原地踩水法、侧泳和潜泳等。

原地踩水法

由于身体在水中近乎直立的姿态，原地踩水法也被称为"立泳或立式蛙泳"。踩水的方法有很多，其中立式蛙泳是比较常用的。

立式蛙泳踩水法的动作原理是，当身体入水后，尽量垂直于水面，上体略向前倾，让头部一直保持在水面上，下颌接近水面。

而脚部的动作分为双腿同时蹬腿和交替蹬水两种。同时蹬腿动作与蛙泳的蹬夹腿技术基本相同，只不过一种是俯卧打腿，而另一种是身体直立打腿，立式蛙泳踩水的腿部蹬腿和收腿动作都要比蛙泳蹬夹腿的幅度小。踩水收腿时膝关节可外翻，蹬腿时膝关节向内扣压，使用小腿和脚部内侧进行蹬水的动作。交替蹬水的动作下的身体起伏不是很大，大腿运动的幅度也较小：一条腿屈膝收腿后，小腿和脚向外翻，然后向内侧扣压膝盖，向侧下方做蹬夹水，在腿部未伸直时向上做收腿动作，同时另一条腿做向下蹬夹水的动作。

立式蛙泳踩水法手臂的动作为双臂弯曲在身体两侧靠前的位置做向外向内的摸水动作，手掌要有压水的动作。注意手臂动作幅度小，成双弧形运动轨迹。踩水动作一定要注意手臂和腿部的配合时机，务必保证动作的连贯和协调。手臂与腿的配合一般表现为，当双腿在同时向下蹬夹水时，双臂做向外向内摸压水动作。

踩水时应随手臂和腿动作的节奏自然地进行呼吸。

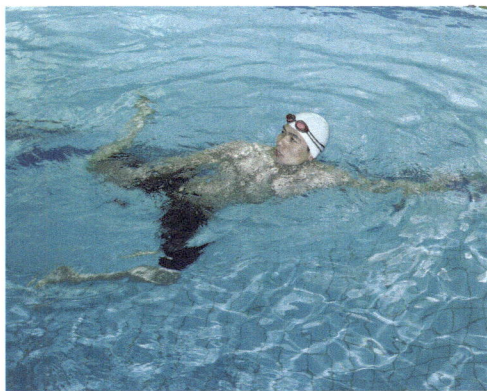

侧泳

侧泳具有很高的实用价值，尤其是在救助溺水者时，可进行夹胸拖带等动作。这能很好地帮助移动溺水者出水上岸。

侧泳的动作分为出水和不出水两种。熟练地掌握出水动作后，不出水的动作就会变得很简单。

其基本动作为：身体在水中呈侧卧姿态，稍向后倾斜。让头部的下半部分浸入水中，身体下方的手臂做前伸动作，上方的手臂放于体侧，双臂保持伸直，在游进的过程中身体一直围绕纵轴进行转动。

侧泳腿部打水动作可分解为收腿、翻脚和蹬剪腿三个步骤。收腿动作表现为上方的腿部屈髋，腿部向前提膝，与躯干形成90°角。大腿和小腿之间的夹角保持在45°～60°。下方的腿部伸髋，向后收小腿，膝盖尽量弯曲使足跟接近臀部。完成收腿后上方的腿部勾脚掌使脚掌对准水，下方的腿的脚尖绷直，小腿和脚向后对准水。进入蹬剪腿阶段，上方的腿以髋关节发力使大腿带动小腿略向前伸，由体前侧向后方用力蹬水。下方的腿以脚面和小腿向下、向后伸膝做剪水动作，形成上、下腿蹬剪水的完整动作。

侧泳的手臂是交替进行划水的。一手臂做空中移臂动作称为上面臂。另一手臂在水中划水称为下面臂。上面臂的动作与

自由泳的划水动作相近，相区别的是当上面臂前移过程中，头部和躯干绕纵轴略微转动。下面臂的划水动作产生推进力，主要动作表现为手臂前伸在身体下部抓水，然后屈肘以手掌划水至腹下，然后收前臂，掌心转向上，沿着胸腹向前移动至头部前方，手臂伸直，手掌向下转动。侧泳双臂的配合过程是：下方手臂开始划动时，上方手臂向前移动。当上面臂开始划水时，下面臂前伸稍作暂停，在胸前与上面臂交叉。

侧泳的腿、臂与呼吸的配合力求呼吸舒畅。其配合方式基本表现为每做一次蹬剪腿动作，双臂各划水一次，呼吸一次，呼吸的时机是在上面臂推水和出水的时候。

反蛙泳

反蛙泳也叫仰式蛙泳，其动作简单，具有省力持久的特点。在救生溺水者时可运用拖腋动作。

反蛙泳身体动作表现为仰卧在水中，身体自然伸直，让脸部露出水面。

反蛙泳的腿部技术类似于蛙泳。收腿时，膝盖随着收腿动作向两侧逐渐分开，大腿微收，小腿向侧下方收，幅度较大，收腿过程中膝关节不要露出水面。收腿动作完成时，双膝间距约同肩宽，脚和小腿向后对准水。然后利用髋部使大腿发力，带动小腿和脚内侧向后蹬夹水。

反蛙泳的手臂划水动作表现为，双臂自然伸直，同时在肩前入水，手臂弯曲，肘部高于手臂，手腕弯曲掌心向后，手和前臂向后对准划水方向，肩部带动上臂在体侧向后划水。划水动作完成后，双臂在体侧停留片刻，身体向前滑行。

反蛙泳手臂和腿部动作有两种配合方式，一种是手臂划水与腿部蹬夹水同时进行，另一种是手臂划水与蹬夹水交替进行。手臂、腿与呼吸的配合表现为双臂在空中移臂时进行吸气，手臂入水憋气，然后在划水过程中均匀地保持呼气。

🏊 潜泳

潜泳也叫大划臂蛙泳，是在水下进行游泳推进的技术，具有很大的实用价值。主要表现在入水后，运用潜泳可做潜深、潜远的调整，这能帮助施救者在水下快速、准确地打捞溺水者。

潜深技术

潜深技术是运用手臂和腿部动作将身体下潜至一定的深度用于打捞和救生的方法。潜深分为头部向下腿部向上技术和头部向上腿部向下技术。

< 头部向上 >

头部向上的动作表现为身体直立漂浮于水中，双臂前伸撑水，腿部做蛙泳蹬腿动作向下打水，使腰部跃出水面后，利用身体重力下潜。

< 头部向下 >

头部向下的准备姿态与向上相同，身体直立漂浮于水中，手臂向后下方伸出，通过由下向上划水，帮助身体翻转头部向下，提臀翻腿，头部向下后，双臂做蛙泳动作向下划水，利用腿部重力身体下潜。利用腿部向上做蛙泳蹬水动作可帮助增加下潜深度，当到达指定位置后，通过手臂、头部的后仰，腰部和髋部的后屈停止下潜保持身体的水平姿态。

潜远技术

潜远技术指身体在水中游向更远的技术，主要动作分为蛙式潜泳、蛙式长划臂潜泳和爬式潜泳三种。

< 蛙式潜泳 >

蛙式潜泳，简单地来说，就是在水下以蛙泳的姿势向前游进的技术。它的动作与水面上进行的蛙泳基本相同。只是在水下游进时为了避免身体的上浮，头部要保持较低的位置，让头与躯干形成一条直线。注意蛙式潜泳的手臂划水幅度相对较小，收腿时屈髋的幅度也相对较小，手臂和腿配合与蛙泳相同，只是整体动作之间衔接的滑行时间要稍长一些。

< 蛙式长划臂潜泳 >

蛙式长划臂潜泳姿势具有能够帮助身体在水下以较高的速度游进至较远的位置的特性。其动作姿态主要表现为头部和躯干完全水平，只是为防止身体上浮在手臂开始划水时稍低头。

蛙式长划臂潜泳的手臂动作为双臂向前伸直，然后紧接做下划动作，手掌和前臂向内旋转，微勾手腕，双手掌向前下方抓水，然后手臂向后向内屈臂用力划水，开始划水时动作稍慢，然后逐渐加快。划水时双臂自然提肘，手掌尽量垂直于推水方向。当手掌划至肩部下方后，屈肘并向躯干方向靠拢，上臂发力带动手掌向后推水。当手掌推水至大腿两侧后手臂伸直，完成推水动作。然后让身体滑行的时间稍长一些。在下一次划水之前向前移臂，双

手外旋，屈肘沿腹胸前伸，伸至下颌下方时，手掌内旋转向下方，然后在头部前方伸直并拢，准备进行划水。

蛙式长划臂潜泳的腿部动作与蛙泳相似，区别在于收腿动作屈髋幅度小，双膝分开的间距也较小，蹬水朝向正后方避免身体的上浮。

蛙式长划臂潜泳的手臂和腿配合表现为手臂前伸与收腿同时进行，蹬腿结束时手臂做划水动作，划水结束后，腿部伸直，身体做滑行动作。

< 爬式潜泳 >

爬式潜泳动作相对简单，表现为双臂向前充分伸展，手掌并拢，头部夹于双臂之间，利用自由泳腿部上下交替打水动作前进。

④ 水中自救法

在水中游泳或不慎落水时，除了大声呼救外，还必须保持冷静，设法自救以应对无人施救的情况。

寻找漂浮物

当在水中身体不适或者不熟悉水性即将发生溺水情况时，应保持冷静，通过寻找如救生圈、救生袋、救生枕、木板木块等漂浮物，利用其在水中的漂浮来求生。

徒手漂浮自救

当在水中发生危险时，可利用本身的浮力（如水母漂、十字漂、仰卧漂等），用最少的体力，在水中维持生机，等待救援。

水中抽筋的解救方法

当在水中游泳因水温过低而产生小腿抽筋时，可用双手握住抽筋腿的脚趾，用力向上拉，使抽筋的腿伸直，并用另一条腿踩水，使身体上浮，这样连续多次即可恢复正常。上岸后对腿部进行按摩。

如果是双手抽筋，迅速握紧拳头，再用力张开，重复多次，直至恢复正常。

如果发生上腹部肌肉抽筋，可仰卧于水中，屈髋，把腿收向腹部，然后伸髋，重复几次动作，直至恢复正常。

⑤ 间接施救的方法

间接施救是指救生员在水外保证自身安全的条件下，利用救生器材或可用做救生的器材对正在呼救的溺水者施以援助的技术。

〰 救生杆施救

救生杆是泳池中必备的救生器材之一，由于救生杆的施救距离较长，所以救生杆也是最常使用的器材之一。使用救生杆施救的时候注意要运用手臂力量将杆递向溺水者，千万不要出现捅、打的动作，避免误伤溺水者。

〰 手拉手施救

手拉手施救一般应用在救助离岸边较近的溺水者。其动作表现为利用手拉手的拉拽动作将溺水者拉上岸。这个动作最主要的就是保证施救者自身的安全，注意身体重心，不要被溺水者拉入水中。

〰 投掷救生圈

救生圈也是最常见的救生器材之一，它对于救助离岸边有一定距离的溺水者有很好的救援效果。在使用救生圈施救的时候注意抛掷救生圈要准确到位。

〰 其他方法

在实际生活中，救援的环境不一定都是设备齐全的泳池。这时就要寻找四周一切可能成为救生工具的物品，例如衣服、杆子、绳子、球、树枝等。及时地运用这些物品进行施救，以最大限度地保证溺水者的生命安全。

⑥ 直接施救的方法

直接施救是指救生员直接入水，游向离岸边较远的溺水者，利用身体的接触直接进行救助的技术。直接施救的方法分为入水、接近、解脱、拖带、上岸几个步骤。

🌊 入水

入水指的是救生员发现较远的溺水者后，迅速跳入水中进行施救。入水技术有跨步式、蛙腿式、鱼跃式和直立式。

跨步式动作步骤为眼盯目标，腿部呈前跨步姿态，身体向前倾，双臂侧平举掌心朝下，借助蹬腿的力量跃入水中。做双臂抱压、双腿做剪夹水动作，尽量将口鼻露出水面，帮助观察溺水者的情况。

溺水者呼救

蛙腿式动作步骤为先盯住目标，双臂双腿向两侧打开成大字形。借助蛙泳蹬夹腿动作跃起，跃起后收腿。身体前倾入水，用力向下压水，双臂抱压，双腿蹬夹水，快速浮出水面观察溺水者的情况。

鱼跃式入水方法与抓台式出发入水的动作相近，可在救生台、岸边或加助跑起跳入水。此法适用于溺水者位置较远的情况。

直立式入水针对的是救生台位置高、池水深的情况。其动作表现为，身体直立跃下水，脚趾绷直，一只手捏鼻，另一只手护下腹。

当看到远处溺水者进行呼救时，应根据情况选择入水方法，迅速做入水动作。

🌊 接近

救生员入水后就要采取接近的技术，迅速靠近溺水者。接近的方式分为背面接近、侧面接近和正面接近。

背面接近是指救生员游向溺水者背面进行施救，适合的位置是在溺水者背面1~2米处急停。侧面接近是针对还没有下沉，正用双手在水面上挣扎的溺水者，具体做法为，当游至离溺水者3米处，有意识地转向侧面。正面接近是在上述两种方法无法进行时的选择，具体做法为当救生员游至离溺水者3米处，迅速下潜至其髋部以下，双手扶髋将溺水者旋转180°呈背面接近的形式。

游向溺水者

在入水后要根据溺水者的情况选取接近方式，以便能够快速有效地进行施救。

解脱

当救生员接触到溺水者后，往往会出现焦急求生、手臂胡乱挣扎的情况，尤其是当手臂触碰到救生员时会拼命地抓抱其颈部、腰部、手臂和腿部，导致施救过程无法顺利进行。而此时救生员就应该实施解脱技术来控制溺水者。

在实施解脱技术时，应保持冷静，头脑清晰，分清被抓抱部位后，有效快速地实施解脱，注意用力要适当，不要误伤溺水者。解脱后控制溺水者，以便于接下来的拖带动作。

拖带

拖带技术是当救生员在对溺水者有效地控制后，利用侧泳、反蛙泳等将溺水者拖带移动的技术。拖带有托腋拖带和夹胸拖带。

双手托腋拖带指双手从后侧托在溺水者的腋下，用反蛙泳蹬腿动作进行拖带移动，对于昏迷的溺水者特别适用。

夹胸拖带是用一侧手臂从溺水者的肩部上方夹住其胸部，采用侧泳的方式拖带溺水者移动的技术。一般身材高大、手臂较长的救生员使用率较高。

上岸

上岸是指救生员帮助昏迷的溺水者上岸的帮助技术。

其具体动作为救生员将溺水者拖至池边，救生者左手应先抓稳岸边，右手快速抓住溺水者的右手，将其搭放在岸上并以手压住，左手把溺水者的左手叠放在右手

托腋拖带

夹胸拖带

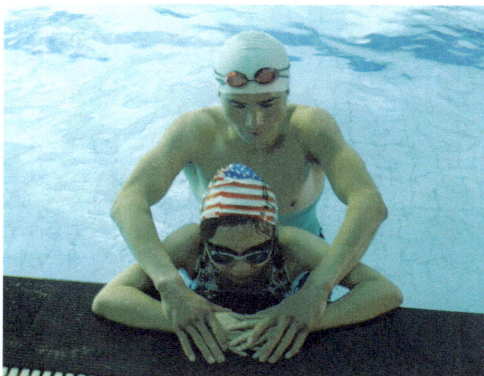
将双手交叠按压在池边

的上面，然后救生者左手抓住岸边利用蛙泳蹬夹腿帮助上岸。

救生员上岸后，以右手抓溺水者的右腕，左手抓左腕，将溺水者身体翻转180°，使其背向自己，然后双臂用力上提溺水者，当溺水者被提拉坐于池边时，救生员一条腿抵住其腰背部，双手托住颈部和枕骨，将溺水者缓缓放下。

⑦ 急救及心肺复苏

心肺复苏是指对于被救上岸的心跳和呼吸停止的溺水者，及时通过心脏按压或其他方法帮助恢复心脏自主搏动和血液循环，通过人工呼吸帮助溺水者逐渐恢复自主呼吸，让溺水者逐步苏醒，挽救其生命的技术。

救生员现场救生的流程如下。

1. 首先确认四周环境是否安全，检查溺水者的意识，呼喊并用手轻拍其肩膀和面颊，拍打时用力适度。溺水者的意识分为四级：意识清醒、对呼叫有反应、对痛有反应和昏迷。如无意识应及时求救，将溺水者的身体摆正，呼叫周围的人或自己拨打 120。若没有人在附近，需要先进行一组心肺复苏。

2. 利用食指、中指对溺水者的口部进行清理，排除其中的异物，这样做能够帮助溺水者打开呼吸道，避免异物堵塞。

3. 应帮助溺水者打开呼吸道。对于未受伤的人用仰头抬颌法；对受伤者使用推举下颌法，具体动作是一只手的手掌根压住前额，另一只手的食指和中指抬举下颌骨，不要压到喉咙。

4. 对溺水者的呼吸情况进行检查。将耳朵靠近溺水者口鼻听吐气声，感觉是否有气吹到脸上，看胸部起伏。检查时维持打开呼吸道的姿势，时间不超过 5~10 秒。

5. 若胸部无起伏，则再次检查口中是否有异物，没有的话需要及时进行人工呼吸，以拇指、食指捏住溺水者鼻翼，口对口尝试吹气两次。人工呼吸每次吹气的时间约为 1 秒，吹气量在 700~1000 毫升，

以看到溺水者胸部产生起伏为原则。

6. 检查溺水者的脉搏，触摸其颈动脉观察有无搏动。触摸颈动脉时不要过度用力，以免颈动脉受压，影响头部供血。检查时间不超过 10 秒。

7. 对溺水者进行胸部按压，将双手的掌根交叠，压住被救者胸骨下 1/3 段，双臂肘关节绷直，双膝跪地靠近被救者，利用身体的重量垂直向下按压，压力要平稳一些，按压一次后，手掌放松但不要离开胸骨。下压的速率保持在 100 次 / 分，深度为 4~5 厘米为宜。要平稳有节奏地进行按压，且不能间断。

8. 注意胸部按压与通气的比率保持在 30 ∶ 2，即每按压 30 次，吹气两次。

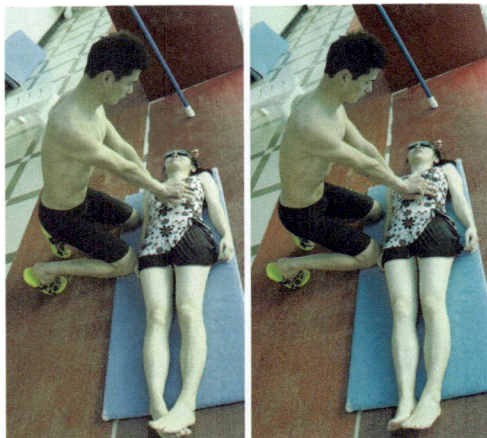